Good Bye いじめ対策

学校のいじめ対策が違法であることを
国民は知らない

ガンジー・平墳
GANDHI HIRATSUKA

幻冬舎 MC

GOODBYE いじめ対策

学校のいじめ対策が
違法であることを国民は知らない

はじめに ―校長へのある疑念―

定年退職後、私は現職のときに覚えた園芸や農業をしながら、地域で親子の田植えや稲刈り体験教室を開いたり、絵画教室や教育相談活動を行っています。

ある日、中学生の母親から、「子どもが友だちからいじめを受け、長い間学校に行けていません」と相談メールが届きました。以下、母親が令和5年1月に町の第三者委員会に提出した報告書より、実際に学校で何が起きていたのかを探ります。

いじめの発見

生徒の名前はタカシくん（仮名）、少し恥ずかしがり屋で内向的な性格ですが、普段は明るくゲーム好きなどこにでもいる中学生です。ただ、3年以上も不登校が続いています。

発端は、小学校4年生のときです。同じクラスの男子児童Aくんが突然に、身体を突くなどタカシくんにちょっかいを出してきました。タカシくんは何のことか分からずに、相手にしませんでした。

しかし、Aくんの行為は次第にエスカレートし、叩《たた》くとか蹴るなどの暴力に変わっていきました。Aくんとはたがいに家に遊びに行ったこともあり、タカシくんは「どうして」と困惑しました。

報告書には当時の様子が、「Aくんの態度は変わることなく、叩く頻度も力も増してきた。教室内での暴力もあった。不意打ちで叩くと言うより、殴るような強い感じ、やめてと訴えてもやめてくれなかった」「暴言は日常的、やめてと約束しても、またぶり返す。後頭部を不意打ちで強く叩かれたりした。叩かれない日もあったけど叩かれない日はほぼほぼなかった」と生々しく綴《つづ》られています。

それでもタカシくんは、「Aくんは優しいところもある」などとかばうような言葉を口にしていました。事実を知った母親は、すぐに担任に連絡しました。

担任はタカシくんを呼び出して「大丈夫か」と問いかけましたが、タカシくんが「……もう大丈夫」と答えたために、以後に呼びかけはなくなりました。

一度、タカシくんがAくんの暴力に耐えきれず、担任に強く訴えたことがありました。担任は些細なことと判断したのか、何ら具体的な対応をとりませんでした。タカシくんが泣きそうになった場面を当時の同級生たちが覚えています。

しかし第三者委員会の聞き取り調査に対し、担任は「タカシくんを見守っていくこと、つらいときはすぐにいうよう伝えた」と答えています。

不登校のはじまり

4年生の3学期は、コロナ禍で全国一斉の休校となりました。どの学校も卒業式や終了式はなくなり、タカシくんの学年もそのままのクラスで5年生に進級しました。

コロナ禍の自粛明け、突然タカシくんが「学校が怖い」と固まってしまいました。家族が何をたずねても口をつぐんだままです。母親は直ぐに学校に電話しましたが、新しい担任は「何が怖いんでしょうね～」とまるで他人事のように返答しました。母親はぐずるタカシくんを説得し、何とか学校に向かわせました。

年末から年明けにかけ、立て続けに大きな事件が起きました。

休み時間、Aくんがタカシくんを押し倒すと両足をつかんで教室中を引き回したのです。いきなりのことだったので、タカシくんは「お願い、やめて」と叫ぶのがやっとでした。でもAくんは、「俺は空手をやっている。はむかうと分かっとるな」と脅しました。当時、教室には数人の女の子がいましたが、だれもとめることはできませんでした。

さらに下校時、Aくんが後ろからやってきて、いきなりタカシくんの後頭部を強く叩くとそのまま田んぼに突き落としたのです。Aくんは遊び感覚で、いっしょに下校していたタカシくんの友だちの髪の毛を笑いながら引っ張り、首を絞めました。

翌日の1月6日、タカシくんは学校に登校できなくなりました。不登校の始まりです。

タカシくんは学校の話になるとおびえ、目は血走り、食事もとれなくなり、夜も眠れずに朝になってもベッドから起き上がれなくなりました。そして母親に向かって、「お母さんがぼくを殺して死なせてほしい」「学校にどうしても怖くて行けん。精神的におかしくなってしまう」と泣き叫びました。

謝罪の会

母親は学校や教育委員会に対し、「いじめの重大事態にあたるのではないか」と何度も詳しい調査を懇願しましたが、「いま学校がいろいろと対応している。少し待つように」とにべもなく追い返されました。しばらくすると担任からタカシくんの家庭に、「学校で謝罪の会を持ちますから、タカシくんとご両親はかならず参加してください」と電話が入りました。

謝罪の会にはタカシくんの両親、Ａくんとかれの母親、学級担任と教頭が参加しましたが、タカシくんはどうしても精神的に落ち着かず欠席しました。

Ａくんは大人たちの前で、「ごめんなさい、ごめんなさい」と泣きながら謝り、もう二度と叩いたりしないと約束しました。Ａくんの母親は、「息子はタカシくんと仲良くしたかったけれど、タカシくんに相手にされず、ついカッとなって叩いてしまったと話しています。けっして悪気があったわけではありません」と庇《かば》いました。

学校はこれで一件落着と安堵しましたがほんのつかの間で、タカシくんは家からも一歩も外出できなくなりました。それだけではありません。謝罪の会に対して、Ａくんの父親から「大人のなかに、子ども一人だけ入れて謝罪させるとは何事か」と学校に抗議まで来る始末です。

先生のいじめ認識

６年生に進級してもタカシくんの不登校は続き、生活は昼夜逆転しました。

タカシくんはカーテンを閉め切った暗い部屋の中で一日を過ごすようになり、食事も不規則で真夜中になると大声で泣き叫び、壁を傷つけたり、大切な置物を壊したりしました。

家族は、奈落の底に突き落とされました。タカシくんの祖父母が駆けつけ、母親といっしょに小児科や児童相談所、家庭支援センターなどと駆けずり回りましたが、状況は何ひとつ好転しませんでした。

不登校の原因を校長は「こころの風邪」といい、教育委員会はタカシくんの繊細な性格と結論しました。タカシくんは、不登校のままで卒業式を迎えました。

その日、校長はタカシくんの両親に、「タカシくんが、中学校生活に安心して通学できるように私たちも見守りたいと思います。また、現在も大切にしてきている、『早期対応』『丁寧な対応』ができるように全職員一丸となって取り組む所存です」と綴った手紙を渡しました。

翌年、タカシくんは町の中学校に進学し、校長は同町の教育長に栄転しました。

中学校の不登校対応

4月、タカシくんは不登校のままで中学校の入学式を迎えました。

この中学校はふたつの小学校からなる組合立の学校で生徒数300人余、学級数は全学年15クラスの小規模校です。タカシくんの学年は3クラス80人余でひとつのクラスが28人ほどです。クラス員の半数が顔見知りで、半数が初顔です。

校長は学校現場から教育委員会、そして校長へと出世の階段を駆け上がった50歳ほどの評判の人物で、かつては学級崩壊や校内暴力をくぐり抜けてきた将来を嘱望される若手リーダーです。

4月の新学期、校長はタカシくんの母親に向かって、「命にかかわる大事や学校の不祥事に対しては、すべてを受け入れる覚悟で校長職を拝命しました。いじめや暴力問題は職員一丸となって組織で対応し、タカシくんの件は誠心誠意に努力します」と約束しました。

母親は、「もう頼るところは先生しかいません。助けてください」と涙声で何度も頭を下げました。

タカシくんの新しい担任は30歳代の女性教員で、生徒からは「とても面倒見がよく、生徒の話は最後まできちんと聞いてくれる」などと人気の先生です。

担任は手始めにクラス員に対して自己紹介とタカシくんを励ますメッセージカードの制作を指導し、自身は毎日のように家庭訪問を繰り返しては、タカシくんにクラスや授業の様子を伝えました。

学校での保護者面談は、学年主任や生徒指導主事、相談員やスクールカウンセラー、ソーシャルワーカーなども加わり、組織対応をアピールしました。

こうした対応にタカシくんは担任の訪問に耳を傾け、懐かしそうに友だちからのメッセージカードを読んでいましたが、どうしたわけか、しだいに担任を避けるようになり、メッセージカードもどこか机の奥にしまってしまいました。

1学期が過ぎても、タカシくんは不登校のままでした。業を煮やしたのでしょうか、校長は突然に「県下には不登校の子どもが通う専門の学校もあります。フリースクールという考え方もあります」とタカシくんに転校を打診しました。

校長としてはよかれと思っての提案だったかもしれませんが、タカシくんにとっても家族にとっても青天の霹靂《へきれき》でした。町に中学校はひとつしかなく、転校するならほかの町の中学校に通わねばなりません。時間も交通費もバカになりません。

タカシくんは、「ぼくは友だちのいる今の学校がいい。知らない学校には絶対に行きたくない。ぼくは学校に見捨てられた」と狂ったように泣き叫びました。

タカシくんの不登校が3年目になると、教育委員会はやっと重い腰を上げ、タカシくんの事案を「いじめの重大事態」と認め、弁護士や県子どもセンター所長、元校長らからなる第三者委員会を立ち上げ、調査をはじめました。

教員が守るべき基本原則

母親の報告書を拝読し、嫌な予感がしました。

「小学校の校長はタカシくんを見守りたいなどといって中学校へ送り出したが、結局はあきらめて投げ出した。そしてあろうことか教育長に栄転した。中学校の校長にしても誠心誠意に努力するなどと口にしているが、同じように投げ出してしまわないだろうか。タカシくんの家族が泣き寝入りすることになりはしないか」

同時に、ある疑念を抱きました。

「いったい、何のために子どもがこんなにも苦しまなくてはならないのだろうか。学校は学習指導要領を正しく理解して、いじめや不登校に対応しているのだろうか。とりわけ学校のリーダーである校長の責任は重い。校長は教職員に対し、学習指導要領を踏まえた活動を指導助言しているのだろうか」

教員には、かならず守るべき基本原則があります。それが「学習指導要領」です。学習指導要領の解説書には、

「学級の中などに、いじめや暴力、差別や偏見などが少しでも見られる場合には、学級活動はもとより生徒会活動などでも適切に取り上げ、学校全体でその問題の解決に取り組むことが必要である」

とはっきりと明記されています。

文部科学省（以下、「文科省」）は「学習指導要領は法的拘束力を有する」としています。つまり、法規と同様に強制力を持つとの意味で、先生は教育公務員として学習指導要領を守らねばなりません。それが法治国家の原則で、守れないようでは国民の信頼が揺らぎます。

今日、いじめの隠ぺい、子どもの孤立と居場所のなさ、知らぬふり、被害者の自殺といったニュースがメディアを賑わせ、学校への信頼が低下する中で現場の先生方のみならず教職を目指す人にとっては、教員生活のどこに希望なりやりがいなりを求め

たらよいのかという不安や不信が拡大しています。

本書は学習指導要領に焦点を当て、学校のいじめ・不登校対策の問題点を現場の視点から探ります。

学習指導要領は教員採用試験にはかならず出題され、学校関係者にとっては常識ですが、保護者や門外漢の方にとっては「何、それ」と見たことも聞いたこともないでしょう。本書はそうした点も踏まえ、はじめに学習指導要領を分かりやすく解説した後に具体的ないじめ対策へと繋《つな》げていきます。

なお、本文の学習指導要領は「中学校学習指導要領」を指します。

終章

第一章

だれがいじめを解決するのか

―学習指導要領といじめ解決―

社会のニーズをふまえ10年ごとに改訂

文科省は学習指導要領について、「全国のどの地域で教育を受けても、一定の水準の教育を受けられるようにするため、文部科学省では、学校教育法等に基づき、各学校で教育課程（カリキュラム）を編成する際の基準を定めています。これを『学習指導要領』といいます」（文科省ホームページより）と説明しています。

学習指導要領は小・中・高等学校・特別支援学校ごとに、「総則」「各教科」「特別の教科（道徳科）」「総合的な学習の時間」、そして「特別活動」があります。

学校で使用する教科書や時間割は、すべて学習指導要領をもとに作成されます。たとえば中学校の数学は、1学年が「正の数・負の数」「一元一次方程式」など、2学年が「文字を用いた四則計算」「連立方程式」などで、全国どこの学校も同じ内容です。転校した学校では、教える内容が違っていたでは困ります。

よく参考書や問題集に「学習指導要領準拠」とありますが、「この問題集は学習指導要領をよりどころに作成しました」という意味です。

余談ですが、中学校の部活動は正規の活動ではなく教育課程外とされ、先生たちのボランティアで支えられた任意の活動です。

ただし平成20年3月告示の学習指導要領には、「部活動については、スポーツや文化及び科学等に親しませ、学習意欲の向上や責任感、連帯感の涵養等に資するものであり、学校教育の一環として、教育課程との関連が図られるよう留意すること」とされました。

学習指導要領は時代の変化や社会のニーズなどを踏まえ、ほぼ10年ごとに改訂されます。

１９６０年から70年代にかけては、過密カリキュラムや知識の暗記を重視したいわゆる「詰め込み教育」が行われました。しかし、文部省（当時）は偏差値重視の教育がいじめや不登校などを誘発していると社会から厳しい批判を受け、つぎの学習指導要領は学習内容や標準授業時数を大幅に削減したものとなりました。いわゆる「ゆとり教育」のスタートです。

学校は歓迎しましたが、いっぽうで学力低下や国際競争力の弱体化などの批判があいつぎ、２０１１年度の学習指導要領からは「脱ゆとり教育」へと方向転換されました。現在の学習指導要領（小学校では２０２０年度、中学校は２０２１年度から全面

表1　中学校の平均授業時数

	1年	2年	3年
国語	140	140	105
社会	105	105	140
数学	140	105	140
理科	105	140	140
音楽	45	35	35
美術	45	35	35
保健体育	105	105	105
技術・家庭	70	70	35
外国語	140	140	140
特別の教科である道徳	35	35	35
総合的な学習の時間	50	70	70
特別活動	35	35	35
合計	1015	1015	1015

備考
一　この表の授業時数の一単位時間は、五十分とする。二　特別活動の授業時数は、中学校学習指導要領で定める学級活動（学校給食に係るものを除く。）に充てるものとする。

（学校教育法施行規則の標準授業時数より）

実施）は「脱ゆとり教育」の延長線上にあり、教える内容も大幅に増えています。

板ばさみになって自殺した校長先生

現在、文科省や教育委員会は「学習指導要領は法的拘束力を有する」「法規としての性質を有する」としています。

文科省のサイトには、「昭和二十年代後半から、日本教職員組合は国の教育政策に対して激しい反対闘争を繰り返してきた。～（中略）～しかし、五十一年五月に旭川学力調査事件の最高裁判決が出され、学習指導要領には法的基準性がある旨の判断が示され、戦後長らく争われたこの問題に最終的な決着がついた」とあります。

教育委員会のサイトにも、「学習指導要領は、国会で制定された『学校教育法』の規定をうけて『学校教育法施行規則』で定められており、法体系に位置付けられていることから、国民の権利義務に関係する『法規』としての性質を有するものと解されます」（広島県教育委員会）とあります。

実際、過去には学習指導要領に違反した教師に対して厳しい懲戒が科され、1999年の「日の丸掲揚・君が代斉唱」事件では自殺者まで出ています。

当時の広島県教育委員会は県立高校の校長宛に、「卒業式及び入学式などにおける国旗掲揚及び国家斉唱の指導が学習指導要領に基づき適正に実施される旨」と通達し、国旗掲揚と君が代斉唱を命じました。世羅高校では多くの教職員が通達に反対し、板ばさみになった校長が自殺しました。ほかの県でも「君が代」の起立斉唱を拒否した先生に厳しい懲戒処分が科されました。

2020年には新型コロナウイルスの感染拡大を受け、安倍晋三首相（当時）は全国すべての学校に対して臨時休校を要請し、全国一律の休校となりました。

突然の休校に現場からは、「授業が全部終わっていないがどうしよう」とか「このままで各学年の修了や卒業を認定してもよいのか」などと不安や戸惑いの声が上がりました。

文科省は「標準授業時数を下回った場合においても、下回ったことのみをもって学校教育法施行規則に反するものとはされない」「臨時休業等のやむを得ない事情によって卒業式を行わなかったとしても、学習指導要領の定めに反するものではない」などの異例の通達を出し、ひとまず混乱はおさまりました。

しかし、一番の犠牲者は突然に授業を打ち切られたり、修了式や卒業式を行えなかった子どもたちです。

明治時代から受け継ぐ日本教育の伝統

いじめや暴力問題についての記載があるのが、学習指導要領の特別活動です。文科省は、特別活動について説明しています。

「集団や社会の形成者としての見方・考え方」を働かせながら「様々な集団活動に自主的、実践的に取り組み、互いのよさや可能性を発揮しながら集団や自己の生活上の課題を解決する」ことを通して、資質・能力を育むことを目指す教育活動である。

(平成29年告示中学校学習指導要領解説より)

つまり子どもたちが成長し、大人社会で生きていくために必要な人間関係や集団生活について学び、育む場が特別活動です。

各教科には教科書がありますが、特別活動に教科書はありません。名称も「○○科」ではなく「活動」となっています。それは日本の教育の歴史と深い関係があります。

日本の近代教育は、明治5年の学制から本格的にスタートしました。各学校は子どもたちの自治育成として児童会や生徒会活動、集団の育成として運動会や修学旅行など、さらに地域文化の育成として伝統行事などを積極的に教育活動に取り入れてきました。そうした先人の知恵と努力が特別活動として引き継がれています。

特別活動は「学級活動」「生徒会活動」「行事活動」の3領域があり、とくに「学級活動」のみが年間35時間の授業時数が組まれています。

学級活動は、子どもたちが安心安全に集団生活を送れるために、クラスの目標を決め、リーダー（学級委員や班長）や係や当番などを選出し、掃除や給食などの常時活動や運動会など行事活動の役割分担をするなどの幅広い活動を指します。

さらにそこで生じた人間関係などのトラブルや困りごとを生徒自身で解決することで、自主性や主体性などの育成、協力や思いやりといった道徳心の育成を図ります。

学級活動は指導要録に記載され、「学籍に関する記録」は20年間、「指導に関する記録」は5年間学校に保存されます。また、高校に送られる調査書（内申書）にも指導要録の写しが添付されます。

各教科は学年ごとに目標と内容が変わりますが、学級活動のみが1年生から3年生まで変わりません。

1　目標　学級や学校での生活をよりよくするための課題を見いだし、解決するために話し合い、合意形成し、役割を分担して協力して実践したり、学級での話合いを生かして自己の課題の解決及び将来の生き方を描くために意思決定して、実践したりすることに自主的、実践的に取り組むことを通して、第1の目標に掲げる資質・能力を育成することを目指す。

2　内容　1の資質・能力を育成するため、全ての学年において、次の各活動を通して、それぞれの活動の意義及び活動を行う上で必要となることについて理解し、主体的に考えて実践できるよう指導する。

（1）学級や学校における生活づくりへの参画

ア　学級や学校における生活上の諸問題の解決
学級や学校における生活をよりよくするための課題を見いだし、解決するために話し合い、合意形成を図り、実践すること。

イ　学級内の組織づくりや役割の自覚
学級生活の充実や向上のため、生徒が主体的に組織をつくり、役割を自覚しながら仕事を分担して、協力し合い実践すること。

ウ　学校における多様な集団の生活の向上
生徒会など学級の枠を超えた多様な集団における活動や学校行事を通して学校生活の向上を図るため、学級としての提案や取組を話し合って決めること。

以下、健康安全、キャリア形成などと続きます。（全文は本書末に掲載）ここでの「資質・能力」とは、「知識及び技能」「思考力・判断力・表現力など」「学びに向かう力、人間性など」を指します。

要約すると、学級における問題解決の担い手は「生徒」であること、問題解決の手段は「話し合い」であること、そして問題解決のための「組織づくり」を行います。

この「学級や学校における生活上の諸問題の解決」という文言は、平成元年度から現在まで35年間変わることなく引き継がれており、小学校の学級活動や高等学校のホームルーム活動の目標もほぼ同じ内容となっています。

いじめや暴力、差別や偏見の解決

学習指導要領は大綱的基準です。つまり根本をおおづかみにとらえた内容で、抽象的な記述がほとんどであり細かいことは書かれていません。

理由は、実際の運用は各学校や先生たちの創意工夫に委ねるとの考えによります。実際、学級活動の全文はA４用紙数枚ほどです。

しかし、それでは先生によって趣旨をとり違えるとか、学校によって解釈に相違が生じることも考えられます。それを補うのが「学習指導要領解説」で、その執筆者のほとんどが中央教育審議会メンバーです。

平成20年改訂の学習指導要領解説には、

「学級の中などに、いじめや暴力、差別や偏見などが少しでも見られる場合には、学級活動はもとより生徒会活動などでも適切に取り上げ、学校全体でその問題の解決に取り組むことが必要である」

とあり、いじめは生徒が主体となって解決します。

さらに学習指導要領解説には、学級の諸問題について具体的に「学級内の人間関係のあつれきの対処の仕方」「係や当番などの仕事の遂行に伴う悩みの解決」「教科の学習にかかわる問題」などを示しています。

いっぽうで、学習指導要領は手引き書という考えもあります。

１９４８年の学習指導要領は「教師自身が自分で研究して行く手引きとして書かれた」ものでしたが、１９５５年からは「手引き」という記述がなくなりました。

さらに全国統一学力試験への反対運動である1976年の旭川学力テスト事件の最高裁判決により、「学習指導要領には法的基準性がある旨の判決」がなされ、文部省（当時）は「学習指導要領は法的拘束力を有する」とした経過があります。

そのために教育研究者のなかには、「そもそも法的拘束力という考え方は教育に馴染まない」「学習指導要領は手引きとして作るべき」との考えもあります。

しかし、学校で教える内容は年間指導計画に組み込まれていますし、教科書は学習指導要領にそって書かれ、教材や各種プリントやテストも学習指導要領にそった中身となっていますし、入学式や卒業式の「日の丸・君が代」にしても、年間行事に位置づけられて式次第に組み込まれています。子どもたちの前でひとりだけ着席して歌わないわけにはいきません。

さらに学級活動は、毎年の年間計画が決まっています。職員会議で特別活動部会の部長から「4月は学級目標と学級組織を決めてください」「5月はいじめ防止月間です。各学級会でいじめについて話し合い撲滅宣言を採決して、教室に掲示してください」などと資料が渡されます。

それを「私はそんな資料はいらない、別のことをやる」などと突き返すことなど考えられません。現場の先生からすれば、手引きというとらえ方は余りに非現実的です。

学校の用心棒

学校では、「ダメなことはダメ」とか「違反行為は絶対に許さない」などと、先生が威厳を持ってビシッといい聞かせることがよしとされ、生徒指導で慣例として引き継がれてきました。

今でもそんな先生は「毅然《きぜん》として迫力ある先生」とか「学校の用心棒」などと重宝がられ、とくに荒れた学校では生徒指導の中核となって生徒や先生を仕切っています。

しかし、ことはそんなに単純ではありません。生徒からは「怖い先生」と恐れられて、ツッパリ生徒もその先生の前では借りてきた猫のようにお行儀よく振る舞いますが、先生がいなくなると元のように乱暴に振る舞うようになります。ましてや普通の生徒にしても、そんな怖い先生に悩みを相談することはありません。

やさしい先生ならば問題がないかというと、そうでもありません。「子どもの冤《えん》罪《ざい》」が問題になっています。子どもは、「やさしい先生に心配をかけてはいけない」と、つい「私がやりました」と心の思いとは違うことを口にしてしまうのです。

外国を見渡すと、たとえばアメリカのアイオワ州の中学校では、「友だちの悪口を言う（ヘイトスピーチ）」や「廊下を走り回る」や「ものを投げる」などのいじめや規律違反などに対し、生徒が問題解決の担い手（仲裁者）となり話し合いにより解決しています。

有名なティーンコート（10代の法廷）は、少年犯罪の比較的罪の軽いものについて10代の少年たちが問題解決の仲裁者としてその罪を審議する仕組みですが、教育効果が高いとしてアメリカのほとんどの州で実施されています。

いじめ解決率の高いクラス員

なぜ生徒が仲介者にふさわしいのでしょうか。仲裁者とは争いの当事者以外の第三者で、間に入って和解（仲直り）に導く人のことです。じつは、問題解決率が高いのがこの友人タイプ（学級ならばクラス員）の仲裁者です。

理由として、クラス員は当事者と同年齢ですし、背格好も大差はなく、おたがいの性格や交友関係もよく知っています。かれらはおなじ教室で、おなじ服装におなじ教科書と机でおなじ授業を受けます。給食時間はおなじメニューで、「いただきます」と「ごちそうさま」といっせいに行動します。

いじめ問題でも、クラス員は被害者と加害者ともに顔見知りで、集団生活のなかで日常どのような言葉を交わし、どのような行動をとっているかを目の当たりにしています。

何よりも大きな被害を受けるのは、クラス員です。教室でいじめが発生すれば、クラスの雰囲気は悪くなり、重苦しい空気が充満し、人間関係はギクシャクしてきます。だれもが気を使って生活するようになり、教室から笑い声はなくなります。だれだって、そんなところで過ごしたいなんて思いません。問題解決への真剣さの度合いが、格段に大きいのがクラス員なのです。

大学の研究機関の調査によると、「あなたは、だれにいじめを止めてほしいですか」という質問に対し、子どもたちは圧倒的に「友だち」と回答しています。

先生や親にいえないことも、友だちなら本心を打ち明け、本音と本音で語り合えます。クラス員こそが、友だちの悩みに親身になって向き合い、わだかまりをなくし、心の底から仲直りを勧めることができる存在です。

説明が遅れましたが、本書は生徒を仲裁者として、いじめや学級の諸問題を解決した25年余の実践書です。日本の中学生は、悪口や仲間はずれひとつ自分たちで解決できないでいます。それを打開するために、「こんなやり方もあります」といった「子ども参加」の提案書でもあります。

子どもの参加する権利と学級活動

生徒を仲裁者とする子ども参加の実践は、学習指導要領に書かれているからそうするものではけっしてありません。

子ども参加は、子どもが持つ権利を定めた「子どもの権利条約」（日本は1994年に批准）の中核でもあります。

1　締約国は、自己の意見を形成する能力のある児童がその児童に影響を及ぼすべての事項について自由に自己の意見を表明する権利を確保する。この場合において、児童の意見は、その児童の年齢及び成熟度に従って相応に考慮されるものとする。

2　このため、児童は、特に、自己に影響を及ぼすあらゆる司法上及び行政上の手続において、国内法の手続規則に合致する方法により直接に又は代理人若しくは適当な団体を通じて聴取される機会を与えられる。（子どもの権利条約　第12条）

同条約は、子どもに影響をおよぼすすべての事項について自由に自己の意見を表明する権利を保障しています。

生徒がいじめ解決に向けて仲裁者として加害者と被害者の意見に耳を傾け、問題解決のために意見することとは、子どもの権利です。

2019年に国連子どもの権利委員会は日本政府に対して、「自己に関わるあらゆる事柄について自由に意見を表明する子どもの権利が尊重されていないことを依然として深刻に懸念する」と勧告しました。とくに緊急にとるべき分野として、「子どもの意見表明と尊重」や「暴力や差別の禁止」などをあげています。

では、今の学校において子ども参加（中学校では「生徒参加」）によるいじめ解決は実現しているのでしょうか、子どもの権利は守られているでしょうか。それを知る手がかりは、「学校いじめ防止基本方針」にあります。

第二章

国民を欺《あざむ》く違法ないじめ対策
―学校いじめ防止基本方針の欺瞞《ぎまん》―

学校の実情を踏まえたいじめ方針の作成

いじめ対策の基本的な方針となる「学校いじめ防止基本方針」は、法律により作成が義務づけられています。

令和3年度の文科省発表によると、日本の中学校は、日本最北端の北海道稚内市立宗谷中学校から、日本最南端の沖縄県竹富町立波照間小中学校まで、国立68校、公立9、230校、私立778校、合計10、076校あります。ですから、全国には1万余の学校いじめ防止基本方針が存在することになります。小学校や高校、特別支援学校を加えるとさらに何倍もの数になります。

内容は一般に、「いじめの定義」から「学校としての心構え」「いじめの早期発見・早期対応について」「いじめ対策委員会の設置」「いじめ発生時の具体的な対応手順」などです。それらは、当然に学習指導要領の趣旨を踏まえたものでなければなりません。

学校いじめ防止基本方針の歴史は浅く、わずか10年ほどです。2011年、滋賀県大津市で中学校2年生の男子生徒（当時13歳）が、同級生のいじめを苦に自殺しました。生徒は同級生からプロレスごっこと称して倒され、手足を縛られ、口を粘着テープでふさがれる、体育祭でハチの死骸を食べさせられるなど、日常的に暴力行為を受けていました。

しかし、学校はいじめではなくケンカと発言、自殺の原因も家庭環境が問題と説明しました。そうした学校の姿勢が社会から問題視され、第三者調査委員会が立ち上げられ、調査の結果、「いじめ」と認定されました。この大津市の中学生いじめ自殺事件が誘因となり、２０１３年の「いじめ防止対策推進法」の施行に繋がりました。

同法は文部科学大臣が「いじめ防止基本方針」を策定、地方公共団体は「地方いじめ防止基本方針」を策定、そして第13条は「いじめ防止基本方針又は地方いじめ防止基本方針を参酌し、その学校の実情に応じ、当該学校におけるいじめの防止等のための対策に関する基本的な方針を定めるもの」と定めました。これが、「学校いじめ防止基本方針」です。

ここに使われている「参酌」とは、ほかのものを参考にしつつ、その長所を取り入れることです。つまり国や地方公共団体の方針をそのままをコピーするのではなく、いじめ防止基本方針はその学校の実情（子どもや保護者、地域の実態など）を踏まえて独自に作成するのです。

しかし、学校いじめ防止基本方針は文科省のマニュアルや通達にそって作成されているために、どの学校も似たり寄ったりで大差はありません。自治体によっては、地区内の小学校も中学校もそっくりそのまま同じ地域もあります。

本章の結論から先に述べさせていただくと、学校いじめ防止基本方針は、学習指導要領の学級活動と正反対の方針であること、子ども参加ではなく「子ども排除の方針」なのです。

迷走するいじめの定義と振り回される学校

では、その内容を見てみましょう。学校いじめ防止基本方針の冒頭にかならず記載されているのが「いじめの定義」です。

学校はいじめの定義から、「これはいじめだ」とか「これはいじめではない」などと判断して子どもの指導にあたります。

いじめの定義はこれまで昭和61年度、平成6年度、平成18年度、そしていじめ防止対策推進法の施行にともない平成25年度と計4回の見直しが行われてきました。

昭和61年度の定義は、「自分より弱い者に対して一方的に、身体的・心理的な攻撃を継続的に加え、相手が深刻な苦痛を感じているものであって、学校としてその事実（関係児童生徒、いじめの内容等）を確認しているもの。なお、起こった場所は学校の内外を問わないもの」とされました。

しかし先生たちからは、「確認しなければいじめと認めなくていいのか」とか「教師一人ひとりでいじめの判断が違う」などの問題が噴出しました。

その後、何度も削減や追加が繰り返され、現在の定義はいじめ防止対策推進法第2条の「児童等に対して～（略）～当該行為の対象となった児童等が心身の苦痛を感じているものをいう」と落ち着きました。

この改訂により、被害者が心や身体に苦しさや痛みを感じたら、「いじめ」と判断されるようになりました。

つまり、ふざけや遊び半分といった行為であっても、被害を受けた側の子どもがつらさや苦痛を感じれば、学校は「いじめである」と判断するようになったのです。これによりいじめの範囲は「いじめに関係のないもの」や「いじめと疑いのあるもの」

までも含まれることになり、指導する領域は格段に広がることで教員の一段の多忙化へと繋がりました。

では、これで一件落着と思いきや、子どもの世界はそんなにあまくはありません。子どものなかにはいじめの定義を逆手にとって、気に入らないことがあると「つらい苦しい、いじめだ、いじめだ」と口にする強者も現れました。明らかにおかしいと分かっていても、先生としては後々、保護者や管理職から何といわれるか知れたものではなく、動かざるを得ずに先生の仕事は際限なく拡大し続けます。

いじめ発見を遅らせる先生の勝手な思い込み

つぎは、タカシくんの通った小学校の「基本認識」と「学校としての構え」です。

【基本認識】（教育活動全体を通じて、以下の認識に基づき、いじめの防止等に当たる。）

「いじめは、人間として絶対に許されない」

「いじめは、どの学校でも、どの子にも起こり得る」

「いじめは、見ようと思って見ないと見つけにくい」

【学校としての構え】

○「人と人との結びつき、つながりを大切にする○○小」をキーワードに、全ての教職員が共通理解のもと、「温かい心」で仲間と共に活動し磨き合って高まる子の育成をめざす。

○「温かい心」を大切にするために、年2回実施する「温かい心の表彰」で全校のために継続的な善行のあった児童を表彰し、全校に広めていくと共に、「あったかい言葉かけ運動」にも取り組んでいく。

○児童の心身の安全・安心を最優先に、毎月実施する児童へのアンケートや学期に1回実施する保護者へのアンケートを活用して、危機感をもって未然防止、早期発見・早期対応並びにいじめ問題への対処を行い、児童を守る。

○全ての教職員が一致協力した組織的な指導体制により対応する。

○「いじめは人間として絶対に許されない」という意識を、年1回実施する「ひびきあい集会」や教育活動全体を通じて、児童一人一人に徹底する。

○「いじめをしない、させない、許さない学級・学校づくり」を進め、児童一人一人を大切にする教職員の意識や日常的な態度を醸成する。

○いじめとは、児童等に対して、当該児童等が在籍する学校に在籍している等当該児童等と一定の人的関係にある他の児童等が行う心理的又は物理的な影響を与える行為（インターネットを通じて行われるものを含む。）であって、当該行為の対象となった児童等が心身の苦痛を感じているものをいう。

○いじめが解消したと即断することなく、継続して十分な注意を払い、折に触れ必要な指導を行い、保護者と連携を図りながら見届ける。

「結びつきやつながり」「温かい心」「いじめは人間として絶対に許されない」「ひびきあい集会」などと学校の構えが並んでいますが、皮肉なことにそれでもいじめは発生しました。

その理由に、先生の楽観的で自分勝手な思い込みがあります。

文科省の国立教育政策研究所（以下、国研）が実施した「教師対象の意識調査」によると、「いじめの加害者になる子供は、何となく見当がつく」と「いじめの被害者になる子供は、何となく見当がつく」という設問に対して、「賛成」または「まあ賛成」と回答した教師が全体のおよそ50％になることが分かりました。この意味するところは深刻です。

つまり担任が「あの子はいじめに関係がある」と見当をつけた子ども以外に、実際には教室にはいじめに関係する子どもがかなりの数で存在しています。にもかかわらず担任は、「あの子はいじめに関係ない」などと勝手に思い込んでいるのです。これが、いじめの早期発見を遅らせるひとつの要因です。

実際にタカシくんの場合、小学校2年生から5年生までの各担任は、タカシくんに「登校しぶり」があったと認識していませんでした。しかし、タカシくんの母親は、タカシくんが友だちの言動にストレスを訴えてたびたび登校をしぶることがあったといい、母親や家族の説得によりタカシくんは登校しました。

こうした子どもの実態と教師の認識の温度差について、国研は「一部の児童生徒の行為を予測できたことで、全ての被害者・加害者を『発見できている』かのように思い違いをしてはなりません」「かなり多くの先生がいじめ問題に対して楽観的過ぎる回答をしている」と警鐘を鳴らしています。先生たちのだれもが、子どもを理解したつもりになっているだけなのです。

さらに国研は、「いわゆる『いじめられっ子（常にいじめられる子供）』や『いじめっ子（常にいじめる子供）』と呼ぶべき子供はほとんど存在せず、多くの児童生徒が入れ替わりながらいじめに巻き込まれている」「クラス替えのない中でさえ、被害経験者の三分の一が半年で入れ替わる」（平成28年度「いじめ追跡調査Q＆A２０１３-２０１５」より）と分析しています。

実際に、いじめの加害者が以前にいじめの被害者だったケースは数多く報告されています。これではいくら先生が子どもを指導しても、「自分は以前にいじめられていた。今になってどうして自分だけ叱られるのか」などとさらに不満を増大させかねません。

生徒排除のいじめの対応手順

つぎは、「いじめの対応手順」です。

２０１９年に岐阜市の中学3年生の男子生徒が同級生から給食の時間に嫌いな食べ物を押しつけられるとか、持ち物を隠されるなどのいじめを受け自殺しました。同校のいじめ防止基本方針は、反省の弁からはじまっています。

「令和元年7月、本校に在校する生徒が亡くなる事案が起きました。この事案は、学校の生徒理解の弱さや対応の仕方など様々な問題が重なって起きたものと考えられますが、尊い命を失ったことは、悔やみきれない、取り返しのつかない事実です。『生徒はどんな気持ちだったか』『なぜ一人で悩みや苦しみを抱え、誰にも話せなかったのか』を考えると、『いじめは、いじめる者、同調する者、傍観する者という、いじめに加担する集団や個人、集団の関係をつくるとともに、孤独な一人を生み出し、命を奪うことにもつながる』という意識をもち続けなければなりません」

文中の「いじめは、いじめる者、同調する者、傍観する者」は、「いじめの4層構造論」で多くの学校の基本方針に登場します。同校は、いじめの対応手順を「対応の大まかな順序」と表記しています。


【対応の大まかな順序】
①いじめの訴え、情報、兆候の察知　◇管理職への報告　◇情報の共有　◇対応方針の決定　◇保護者への情報提供

②事実関係の丁寧な把握 ◇複数の教員で組織的に ◇保護者の協力を得ながら ◇行動の背景も聞き取る

③報告様式にて直ちに岐阜市教育委員会への連絡

④必要に応じて、関係機関（警察、子ども相談センター、スクールロイヤー）へ連絡

⑤いじめを受けた側の生徒のケア ◇必要に応じて、外部専門家の支援を得る

⑥いじめた側の生徒への指導 ◇背景についても十分踏まえたうえで指導する

⑦被害・加害（双方）の保護者への報告と指導についての協力依頼 ◇いじめた側の生徒及び保護者への謝罪の指導を含む

⑧校長による、いじめた側、いじめを受けた側双方への指導

⑨関係機関との連携 ◇市教育委員会への一連の報告（指導後・1週間後・1ヶ月後・3ヶ月後）◇警察や子ども相談センター、スクールロイヤーとの連携

⑩3ヶ月間は校長やいじめ対策監が毎日声をかける等、経過の見守りと継続的な支援（保護者との連携）

以上、内容を分かりやすくまとめると「教員によるいじめの発見」➡「教員による

聞き取り調査」⬇「教員による被害者のケアと加害者の指導」⬇「学校と警察などとの連携」となります。

ここには、「生徒による解決」や「生徒の参加」は表記されていません。まさに生徒排除の基本方針で、学習指導要領の趣旨から逸脱しています。

百歩ゆずって効果が期待できれば溜飲も下がるでしょうが、岐阜市の不登校児童・生徒数はコロナ前の19年度の628人から21年度は902人にまで増え、2022年度は1、000人を超えて過去最多です。岐阜県内の不登校数も過去最多となる5、255人で、前年度から884人増加して過去最多です。もちろんいじめの認知件数も同市、同県とにも過去最多です。

岐阜市教育委員会は、「だれ一人取り残さない個々の可能性を支える学び」などといいますが、なんともしらじらしい限りです。

生徒排除は、いじめ対策のメンバーからも明らかです。

いじめ防止対策推進法は、いじめ対策の中核となり具体的な方針を示す組織の設置を義務づけています。

【学校におけるいじめの防止等の対策のための組織】

学校は、当該学校におけるいじめの防止等に関する措置を実効的に行うため、当該学校の複数の教職員、心理、福祉等に関する専門的な知識を有する者その他の関係者により構成されるいじめの防止等の対策のための組織を置くものとする。（いじめ防止対策推進法第22条）

学習指導要領の趣旨を踏まえるならば、生徒会長や生徒会議長の参加は保障すべきです。

タカシくんの中学校は、「校長、教頭、教務、生徒指導主事、学年主任、教育相談担当、養護教諭、特別支援コーディネーター」で学校職員以外として「スクールカウンセラー、心の教室相談員、保護者代表、学校評議員、医師、民生児童委員、人権擁護委員等」となっており、どこにも生徒の参加はありません。

それだけではありません。タカシくんの中学校のＰＴＡ役員に直接確認したところ、メンバーに医師とありますが、会議には一度も参加していないと回答されました。まさに名前を連ねただけの組織です。

では、生徒たちはいったい何をしているのでしょうか。

生徒の役割は〝チクリ魔〟

学校いじめ防止基本方針には、「いじめ防止年間計画」に生徒の活動が記載されています。

２０２３年、大阪府泉南市で市内の中学1年生の男子生徒がいじめを苦に自殺しました。同市には「子どもにやさしいまち」の実現を目指す条例と子どもの権利条約委員会があり、この委員会は条例違反があれば、市長に報告できる独立した組織で、ほかの自治体と比較しても、子どもの権利実現に積極的な取り組みがうかがえます。

同市には4つの中学校がありますが、どの学校のいじめ防止基本方針にも大差はありません。

各校のいじめ防止年間計画には、生徒の活動として「職場体験学習」「体育大会」「文化祭」「修学旅行」「合唱コンクール」「人権学習週間」「ふれあい週間」などが計画されています。これらはいじめ対策というよりは、集団活動の育成で焦点ぼけしています。

生徒のいじめ対策としては、どの自治体でも「いじめ防止の標語やポスターの作成」「いじめ撲滅宣言」などに取り組んでいます。

「いじめ撲滅宣言」は、いじめ防止に向けてクラスなどで「わたしたちはいじめを許しません」とか「いじめを見て見ぬふりをしません」などと宣言する取り組みで、2013年の「全国生徒会サミット」では下村博文文科大臣（当時）が「いじめ撲滅」を宣言した学校に「感謝状」を贈呈しています。

しかし学校でいじめが発生すると、先生が「自分たちで決めたいじめ撲滅宣言がなぜ守れないのか」と子どもを叱責し、双方の関係が損なわれるケースが起きています。

また、北海道のある中学校のいじめ防止基本方針には、「『傍観者』から『仲裁者・制止者』になるのが難しくても、『通報者』になることでいじめの深刻化を防ぐことができる」と生徒の役割を定めた学校もあります。

いじめを先生に通報した生徒が、クラス員から〝チクリ魔〟といわれ仲間外れになった例は数多く報告されていますが、これでは第2、第3のいじめ被害者を生みかねません。

消えた「いじめ解決」

学校のいじめ防止基本方針には、「いじめの解決」はどこにも見あたりません。代わって使われているのが「いじめの解消」で、一部では「いじめの終息」としている学校もあります。

2021年、北海道旭川市の中学2年生の女子生徒のいじめ凍死事件が起きた中学校のいじめ防止基本方針も「いじめの解消」です。

いじめが解消している状態とは、少なくとも次の2つの要件が満たされている必要があります。ただし、必要に応じ、いじめを受けた生徒といじめを行った生徒との関係修復状況など他の事情も勘案して判断するものとします。

ア　いじめに係る行為が止んでいること

いじめを受けた生徒に対する心理的又は物理的な影響を与える行為（インターネットを通じて行われるものを含む。）が止んでいる状態が相当の期間継続していること。この相当の期間とは，少なくとも3か月を目安とする。

イ　いじめを受けた生徒が心身の苦痛を感じていないこと
　いじめに係る行為が止んでいるかどうかを判断する時点において、いじめを受けた生徒がいじめの行為により心身の苦痛を感じていないと認められること。いじめを受けた生徒本人及びその保護者に対し、心身の苦痛を感じていないかどうかを面談等により確認する。


　解消とは、今までの状態や関係、約束などが消えてなくなること、問題をリセットして白紙に戻すことです。

　いじめ解消の条件について文科省は、「いじめが止まっている状態が3カ月以上継続していること」「被害者が心身の苦痛を感じていないこと」と説明しています。

　これは2016年の青森市の中学2年生の女子生徒が自殺した事件で、学校は生徒指導によっていじめが「解消」したと判断しましたが、その後も生徒に対するいじめは続き自死にいたったことによります。

　文科省は毎年の「いじめ解消率（その年度内に、いじめがどれだけ解消したかを示す割合）」を公表しています。2016年度が90・5％、2017年度は85・8％、2018年度は84・3％と毎年80～90％と高い水準を維持しています。

文科省は、「いじめ認知件数の多寡にかかわらず、いじめ解消率が高いことが重要」とか「解消率が高いなら、数が多いのはむしろ積極的に取り組んでいる証拠」と説明しています。そのため学校や教育委員会は、「いじめ解消率」のアップを至上命題としています。

しかし、「解決」から「解消」と文字を入れ替えただけで、目の前のいじめは3カ月過ぎようが何も解決していません。実際、小学校でいじめを受けた子どもが、何年か後に仕返しをしたという事例は枚挙にいとまがありません。

学校では、毎年9割余解消したいじめが、翌年にはふたたびいじめの認知件数の過去最多を繰り返しているのです。

学習指導要領の改ざん

タカシくんの中学校では、改ざん行為の疑いが濃厚です。

同校の学校いじめ防止基本方針の「魅力ある学校・学級づくり」には、「いじめや暴力、差別や偏見等を見逃さず、学級活動はもとより生徒会活動等でも適時取り上げ、生徒が主体的に問題解決に取り組めるように指導する」

とあります。

これは明らかに学習指導要領解説の「学級の中などに、いじめや暴力、差別や偏見などが少しでも見られる場合には、学級活動はもとより生徒会活動などでも適切に取り上げ、学校全体でその問題の解決に取り組むことが必要である」の引用です。

ここでは「適切に取り上げ」を「適時取り上げ」に、「取り組むことが必要である」を「取り組めるように指導する」に変わっています。

適時とは「ちょうどよい、適当な時期」で、適切は「目的や状況にあっていて、ふさわしいこと」です。また、「取り組めるように指導する」は教師の指導に力点が置かれます。「適時」と合わせると、生徒が取り組むかどうかは教師の裁量次第になります。

同校に悪意がなくて、誤解や知識不足によって不適切な変更を行ったとしても、改ざんの疑いは消えません。

子どもの実情から乖離《かいり》したいじめアンケート調査

「いじめの早期発見・早期対応」はいじめ解決の要です。学校は、アンケート調査によるいじめ発見を行っています。

文科省の令和3年度の調査によると、いじめの発見のきっかけの多くは、アンケート調査で過半数の54・2％を占めています。

質問内容は国研のいじめ追跡調査内容を参考に、「仲間はずれにされたり、無視されたり、陰で悪口をいわれたりした」「からわれたり、悪口やおどし文句、イヤなことを言われたりした」などです。そこには、「いじめ」という言葉は使われていません。

ところが、ある小学校でアンケートのすべてに「ぜんぜんされなかった」に○をした児童がいました。不審に思った先生が「あなたはイヤなことをされたことはないの？」とたずねると、児童は「ぼくのイヤなことが、ここにはのっていない」と答えました。児童は、質問項目にはないいじめを受けていました。

またアンケートは、先生が「作成・実施・回収・指導」とすべて教員主導で行われます。

　ある中学校でアンケートを白紙で提出した生徒がいました。理由をたずねると「以前、アンケートに正直に答えたら、突然先生に呼び出され、親にまで連絡されてひどく叱られた。友だちからも文句を言われた。もう本当のことは絶対に書かない」といじめアンケート調査に背を向けました。

　ましてや先生のことで悩みを抱えている子どもが、先生の配布したアンケートに正直に回答するとはとても考えられません。

　質問項目にも、「あなたは先生からイヤなことをされたことはありますか」とか「あなたは先生から悪口をいわれたことがありますか」などは見たことも聞いたこともありません。

　多くのアンケート調査は無記名で年2～3回実施されます。その理由を国研は、最初に無記名式のアンケートを実施したら「いじめられた」との回答が見られたため、被害者を探すために今度は記名式アンケートを実施したら、「いじめられた」とする回答はゼロになった。それゆえに、無記名式アンケートこそがいじめの実態を正しく把握できると説明しています。

しかし、それではいじめ発見の時期を逸したり、どの生徒が被害者か加害者か分かりません。

かつて勤務した小学校では1年生から6年生まで、月1回、記名で質問項目を設けずに何でも自由に書き込めるアンケート調査を行っていました。回収したアンケートは、担任、学年主任、生徒指導主事、校長が目を通します。子どもたちのアンケートには、人間関係から掃除や給食活動までびっしりと悩みが書き込まれています。

たとえば給食活動で、「給食の食缶（調理済みの料理を保温しながら運搬するための容器）が重たい」「私はみんなに公平に配っているのに、『ぼくの分が少ない』とか『こんなにたくさん食べられない』と文句をいってくる子がいます」「掃除がいつも時間通りに終わらない」といった相談が寄せられました。

学校では実態を調査し、保護者に呼びかけて低学年の給食の配膳や掃除の手伝いをお願いしたところ、数多くの保護者が呼びかけにこたえ、エプロン持参でお手伝いに駆けつけました。

図1　国立教育政策研究所「いじめ追跡調査」の質問内容

皆さんは、学校の友だちのだれかから、いじわるをされたり、イヤな思いをさせられたりすることがあると思います。

そうしたいじわるやイヤなことを、みんなからされたり、何度も繰り返されたりすると、そうされた人はどうしたらよいかわからずにとても苦しい思いをしたり、みんなの前で恥ずかしい目にあわされてつらい思いをしたりします。

これから皆さんに質問するのは、そうしたいじわるやイヤなことを、むりやりされた体験や、反対に弱い立場の友だちにあなたがした体験についてです。

問5　いじわるやイヤなことには、いろいろなものがあります。あなたは、新学期になってから学校の友だちのだれかから、次のようなことをどれくらいされましたか。ア〜カのそれぞれについて、一番近いと思う数字に一つずつ〇をつけていってください。

	ぜんぜんされなかった	今までに1〜2回くらい	1か月に2〜3回くらい	1週間に1回くらい	1週間に何度も
ア．仲間はずれにされたり、無視されたり、陰で悪口を言われたりした	1	2	3	4	5
イ．からかわれたり、悪口やおどし文句、イヤなことを言われたりした	1	2	3	4	5
ウ．軽くぶつかられたり、遊ぶふりをして叩《たた》かれたり、蹴《け》られたりした	1	2	3	4	5
エ．ひどくぶつかられたり、叩《たた》かれたり、蹴《け》られたりした	1	2	3	4	5
オ．お金や物を盗《と》られたり、壊《こわ》されたりした	1	2	3	4	5
カ．パソコンや携帯電話で、イヤなことをされた	1	2	3	4	5

（国立教育政策研究所「いじめ追跡調査」より）

国民を欺《あざむ》く違法ないじめ対策

学校いじめ防止基本方針は、学習指導要領に背を向けた違法方針です。それは国民を欺くだけではなく、子どもの参加する権利、意見を表明する権利を著しく侵害するもので、これを許しておくことは法治国家ではなく、「放置国家」です。現在のいじめ対策が、限界を超えて破綻していることは子どもの実態からも明らかです。

２０２２年度、文科省調査による不登校の小中学生は29万９０４８人となり、過去最多を更新しました。前年度からは５万人以上増えて、10年連続の増加です。小、中、高校でのいじめの認知件数は前年度から６万件以上増えて68万１９４８件となり、これも過去最多です。このうち「重大事態」と認定されたのは９２３件で、こちらも過去最多です。

子どもの参加する権利を侵害した学校いじめ防止基本方針は、弊害と悪臭をまき散らし、子どもの生命まで奪っています。

２０２１年度の文科省調査では、全国の国公私立の小中学校における不登校の主たる要因として「教職員との関係をめぐる問題」をあげたのが、小学校１、５０８人、中学校１、４６７人、合計２、９７５人です。もちろん、氷山の一角に過ぎません。

２０１７年には、福井県の池田中学校２年生の男子生徒が、課題の提出や生徒会活動の準備の遅れなどで、担任や副担任から厳しい叱責を受けて自殺しました。第三者委員会の報告書には、生徒が周囲の人まで身震いするほどの大声で怒鳴られていたとあります。当時担任だった男性教師は、「同じような指導でうまくいった生徒もいた」と弁明しました。

２０１２年に岡山市の県立高校の野球部マネージャー（当時16歳）が監督の叱責で自殺しました。同部の監督だった男性教師は、「自分の選手としての経験から、自身の指導は間違っていないと認識していた」と教育委員会の聞き取り調査に答えています。

これまで学校は「教育的配慮」という言葉で、すべての問題を処理してきました。

いじめ被害者の保護者が学校に聞き取り調査を依頼しても、「そんなことをしたら、さらに子どもたちを傷つけることになる。あなたは教育的配慮に欠ける」などと突っぱね、いじめ加害者の調査さえも「相手の子が苦しんでいないとお思いですか。教育的配慮から聞き取り調査は行いませんでした」などと答えてきました。

ほかにも不登校で一度も授業に出席しなくても、「子どもが社会で肩身のせまい思いをしないための教育的配慮」といって、校長は卒業証書を授与してきました。進学先の決まった生徒の内申点を、進学未定の生徒と差し替えたりすることも教育的配慮で、慣例として行われています。

ここには「ここまでなら問題はないだろう」「この程度は許されるだろう」といった教師のひとりよがりと、自分たちは絶対に正しいという驕りと高ぶりがあります。

こうした悪しき「伝統」が教員間では「美談」として語り継がれ、疑問にさえなりませんでした。もうとっくにそんな時代は終わっているのです。

第三章

GOODBYE いじめ対策
―第三者委員会の提言と山あり谷ありの子ども参加の道程―

投げ出した校長と的中した予感

タカシくんは中学校に進学しました。小学校と中学校の情報交換は、小中連絡会議や生徒指導合同部会などがあります。

とくに6年生が卒業するときは、卒業前から小中学校の合同会議を持つとか、中学校の生徒指導主任が小学校の卒業式に出席するなどして子どもの事前把握に努めています。さらに小学校の先生が作成し中学校へ提出される調査書（出欠席の記録や学級活動などを記載）は、中学校の先生ならばいつでもだれでも目を通すことができます。

中学校に伝えられるタカシくんの情報は、各教科や道徳の学習記録、総合学習や特別活動の記録、行動記録、さらには各学年での指導上参考になる諸事項に出欠席の記録などです。特に、Aくんとの関係や家庭の情報は詳細に連絡されました。

中学校はタカシくんとAくんは別々のクラスにし、教室も遠ざけるなどの措置をとり、ふたりが顔を合わせないように配慮しました。

中学校の担任は、生徒指導に熱心な女性教諭をつけました。担任はタカシくんを励ますメッセージカードやビデオレターを制作し、家庭訪問でクラスや授業の様子を伝えました。

中学校は地域のふたつの小学校から入学してくるために、クラスの半数ははじめて出会う生徒です。メッセージカードには、「学校に来たら、いっしょにしゃべったり、遊んだりしようね」「明日から水泳が始まるよ！理科はガスバーナーをつけたりやっているよ」「明日の給食はとんかつ、もうすぐハムカツやカラアゲがあるのでぜひ来ましょう」などの言葉が書き込まれました。

しかし、メッセージカードの半数は、タカシくんがまだ顔も合わせたことのない生徒です。

「はじめまして、タカシさんとは話したことがないので話したいです」「おたがい顔を見たことないけども、学校に来たら仲良くしてください」と書かれたカードにタカシくんは躊躇《ちゅうちょ》しました。

タカシくんは、「友だちは楽しく遊んだり、おしゃべりをしている。水泳や理科の授業を受けて、おいしそうな給食を食べている。それに比べ、自分はカーテンを閉め切った暗い部屋で昼夜逆転の生活をしている」と自尊心を傷つけられたことは想像に難くありません。

事実、タカシくんはメッセージカードに一度目を通しただけで、二度と見ることはありませんでしたし、担任が家庭訪問しても会うことを拒みました。

悪意のない小さな攻撃

また、タカシくんが9月の始業式に登校したとき、タカシくんを見かけたクラス員が飛び出してきて取り囲み、「元気、久しぶり」「けっこう元気そうじゃん」「家で何やっているの」「どんなゲームやってるの」などと根掘り葉掘りと質問を投げかけ、なかには握手する生徒もいました。

もちろん、事前に「タカシくんが登校したら、みんなで歓迎しようね」という担任の指導があってのことです。事実、担任は生徒の歓迎を〝微笑ましい光景〟として見守っていましたし、校長も了解していました。

しかし、帰宅後にタカシくんは家族に「みんなに囲まれてイヤだった」とか「知らない人もいて怖かった」などと語っています。そしてつぎの日から、ふたたび不登校になってしまいました。

たしかにクラス員の言葉は一見なんてことのない、または相手を気づかうようにも聞こえます。

しかし、その裏には「不登校は昼夜逆転して、昼間は寝ている」とか「勉強をやっていない」といったような無意識の思い込みが潜んでいます。それをタカシくんは、敏感に感じとりました。たとえクラス員に悪意がなくても、タカシくんの心を傷つけました。

マイクロアグレッション（小さな攻撃性）とは、「自分では相手を傷つけたり差別するつもりはないのに、結果として相手を傷つけてしまうような言動や行動のこと」「思い込みや偏見によって無自覚に相手の人権を侵害すること」を意味します。

学校には、小さな言葉で傷つく子どもたちがいます。

子どものアンケートには、「呼び捨てはイヤだけど、ひとりだけ〝さん〟で呼ばれるのはもっとイヤ」「親友なら呼び捨てされてもかまわないけど、ほかの子からいわれるのはイヤ」「授業で先生からあてられるのはいいけど、何度もあてられるのはイヤ」などがあります。

当時、タカシくんはAくんから受けた心の傷は十分に癒えてはいなかったものの、中学の教科書を開くとか生活習慣を改善するなど、興味関心は明らかに中学校に向いていました。

タカシくんの性格を考えると、クラス員の歓迎は小さな攻撃でした。もちろんクラス員に罪はありません。指導した担任や校長に問題があることはいうまでもありません。

校長の支援プラン

いっこうに好転しない事態に、校長はタカシくんと家族に転校を打診しました。そのことが、結果的にタカシくんをさらに追い詰めることとなりました。

これまでタカシくんは、一貫して同校への登校を望んでいました。Aくんとの事件があっても、小学校6年生では27日登校し、学級写真の撮影、運動会、修学旅行、卒業式などに参加しています。

中学校入学時には学生服や通学カバンを準備し、4月の入学式にも、9月の始業式にも、自らの意思で登校しています。放課後や休日には、仲のよい友人と遊ぶなどと交流を続けていました。タカシくんは、校長の対応に「学校に捨てられた」と口にし、強い憤りと失望を感じました。

２０２２年９月７日、校長は「タカシくんの登校に向けての支援プラン」を発表しました。学級担任に指示してクラス員６人からなるプロジェクトチームを発足させ、「学校に来られない理由」「どうしたら授業に入れるか」などの調査と、２０２２年10月11日を登校目標と定めました。

タカシくんも家族も、この計画を歓迎しました。しかし、計画は実行されることなく中止になりました。校長はその理由を、「学級担任との連絡がとれていない」などと説明しましたが、とても納得できるものではありません。

背景に、「学校いじめ防止基本方針への盲信」「教師は指導する側で子どもはされる側という伝統的な指導観の存在」「校長自身の子ども参加の実践の経験のなさ」「自身のプライド」などがあることは容易に推測できます。

計画の中止後、タカシくんは「友だちなんか、もうどうでもいい」「もうだれも信用できない」「大人社会はしょせんこんなものか」などと口にするようになりました。

的中した予感

年度末に、第三者委員会はタカシくんやAくんの聞き取り調査をすることなしに報告書をまとめて町の教育委員会に提出しました。

報告書は、学校の対応は文科省のいじめ重大事態のガイドラインに違反するなどと通り一編の内容に終始し、学習指導要領には何ら触れておらずに極めて具体性を欠く内容です。学校や教育委員会にとって、痛くも痒くもありません。

これでは、「学校は教育委員会の指導助言の下で、精一杯に努力してきた。しかし、教員の多忙化や過重労働でもうアップアップで猫の手も借りたいくらいだ」などと逆に泣きつかれるのが落ちです。

事実、校長は第三者委員会の聞き取り調査に対し、タカシくんの不登校の理由を「本人の無気力」と「家庭の問題」と返答し、学校の多忙化を訴えています。

報告書の「学校への提言」は、つぎのように締めくくっています。

「学校に登校するという結果のみを目標とするのではなく、タカシくんが自らの進路を主体的にとらえて社会的に自立することを目指す必要がある。そのために中学校には社会との関わりを絶たないよう継続してクラスメイトとの接触を提供すること。進路選択や学業の遅れなどが生じないよう各種機関が選択肢の紹介を積極的に行うように求める。今後も月1程度は保護者との面談の機会を持ち、継続して支援計画を立てていくことが望ましい」

これは、事実上の不登校の是認であり、同校のいじめ防止基本方針の黙認にほかなりません。まさに校長にとって渡りに船で目論み通りでした。

２０２３年４月27日、校長は「高校進学を見据えてから20歳の時点で、社会適応できるようにシフトする」「学校に通うことが本人にとって最適解とは限らないという見方をする」「登校を無理に促さない。本人との対話の中から、生活が好転する材料を模索する」「保護者と月一度程度の面談の継続」などとした新しい「タカシくんの支援計画」を家族に手渡しました。

私は、この支援計画に愕然《がくぜん》としました。

「20歳の時点で社会適応できるようにシフトする」とは、どういう意味でしょうか。タカシくんは現在13歳ですから、20歳までの7年間はどうするのでしょうか。もしも、20歳になっても社会復帰がかなわなかったら、さらに延長するのでしょうか。そこまで学校が責任を持ちつつもりでしょうか。

「登校を無理に促さない」とありますが、これまで家族のだれも、タカシくんに無理に登校を促していません。家族はタカシくんに何度も「無理に学校に行かなくていいよ」と伝えています。

ただ、タカシくんの「友だちのいる学校に行きたい」「明日、学校に行ってみようかな」などという思いを後押ししたに過ぎません。それは、子どもを持つ親としてごく自然な行為です。

校長は「タカシくん本人の実態」から支援計画を立案したといいますが、まるで不登校の原因がタカシくんにあるようないい方です。タカシくんは間違いなく登校を希望し、努力を重ねてきたことは明白です。

同校の杜撰《ずさん》ないじめ防止基本方針とタカシくんの意見を無視したその場しのぎの思いつきの対応が、タカシくんの不安を煽り無気力にさせたのです。

「保護者と月一度程度の面談の継続」にしても、まさに責任逃れと形ばかりを繕ったものです。この支援計画は、第三者委員会の提言から自分の都合のいい箇所だけ抜き取って作り上げた、投げ出しと問題先送りの無責任計画です。

この校長は、まったく恥ずべき「エセ教育者」でなくしてなんでしょうか。私の嫌な予感は、残念なことに的中しました。

しかしここで誤ってならないのは、「こうした校長もいるが、すべての校長がそうではない」という見方です。これは校長職の登用から、学校と教育委員会とのズブズブの関係など、旧態依然とした教育界全体の問題であって、特定の個人や地方の問題にすり替えてはなりません。それでは何も変わらないし、解決にもなりません。

２０２２年度の不登校の子どもの数が29万人を超えました。文科省は、学校が判断した不登校の理由を「無気力・不安」（51・８％）で最多と報告しましたが、まったく信じるに足りません。全国の学校でタカシくんと同様の対応が行われていることは、生徒排除の学校いじめ防止基本方針からも明らかです。

次章からは、子ども参加の実践について紹介します。その前に失礼ながら簡単な自己紹介をさせていただきます。

ヤサイ爺《じい》履歴書―子ども参加への道程

現在、私は一反余の田畑でお米作りや野菜栽培をしながら、小中学生を持つ親子を対象に昔ながらの田植えやカマによる稲刈り体験教室、畝《うね》づくりや農工具の扱い方などを教えています。子どもたちからは、親しみを込めて「ヤサイ爺さん」などと呼ばれています。

教員生活スタート

1970年代後半から80年代は、全国の中学校に校内暴力の嵐が吹き荒れた時代です。

大学卒業後に初めて勤務した中学校の校長室には、「信じる」と書いた額が掲げてありました。当時の校長先生は、「生徒を信じることなくして教育はない。たとえ騙されたとしても、生徒を信じる」と口にしてみえました。

いっぽうで先生たちは、「○○中学校で先生が生徒に殴られた」「××中学校の校舎の窓ガラスが割られた」「○○中学校の卒業式は警察が入った」など話してみえました。

文科省は「学習指導要領は法的拘束力を有する」といいますが、現場の先生にとって学習指導要領は1年に数回、チラチラと見る程度です。教員採用試験に合格するためには必須であっても、合格したら本棚の隅でホコリを被っています。

ましてや学級活動となると、その目標や内容を知っている先生はほぼ皆無でしょう。私自身がそうでした。

当時の私は、職員会議で提案された学級活動の年間計画を何の疑いもなく、「正直」に実践していました。それが組織で自分が認められたことと勘違いし、無邪気に喜びさえ感じていました。

校内暴力と教師集団

3校目の勤務校は、各学年10クラスで生徒数1，200人余りの県下でも1，2のマンモス校でした。そして、スクールウォーズさながらの荒れた中学校でした。

職員会議で頻繁に耳にした言葉が「一枚岩」で、教職員が一丸となって行動することです。

毎日のように問題が発生しました。酒に酔った生徒が教室の窓ガラスを掃除モップでつぎつぎと叩き割り、飛び散ったガラス片が女子生徒の手首に突き刺さり教室中が血だらけになったこともあります。卒業生が改造バイクで運動場を騒音を立てて走り回り、駆けつけたパトカーが学校の周囲を巡回しました。教職員に暴力をふるった生徒が警察に連行されたときに、その生徒が「センコウは、オレを警察に売った！」と大声で叫び、職員を睨みつけたことは今でも忘れません。

先生たちは、校則違反生徒には反省文を書かせ、長時間説教をしていました。休み時間や放課後には、「おい、時間だ。教室に入れ」「うるさい、静かにしろ」「制服が少しおかしいぞ」などと、眼を吊り上げて校舎を巡回しました。まさしく、生徒と先生のモグラ叩きにイタチごっこの毎日でした。

勤務は多忙を極め、早朝の校門指導（あいさつや服装チェックなど）、昼は授業、放課後は部活動に家庭訪問、その後の学年会や生徒指導部会と、帰宅が零時をまわることが何度かありました。

学級経営の良し悪しは、教員評価の対象となります。そのため多くの先生は、違反行為を繰り返すいわゆる〝問題生徒〟を受け持つことを嫌がります。

当時、私は学級担任のほかに、生徒会顧問や生徒指導部、部活顧問をまかされていましたが、毎年、私のクラスにはそんな問題生徒が数名はいました。

私は本来、明るく陽気な性格ですが、いつしか生徒たちは「怖い先生」などと噂するようになりました。

この時期、同僚のなかには肉体的にも精神的にも疲れ休職や退職する先生も数多く、私自身も「いつまでこんなことを続けるのか」と出口の見えない毎日に悩んでいました。

子どもの権利条約と先生たちの反応

転機は、思わぬところからやってきました。地域で開催されたアメリカの先生たちとの交流会に参加したとき、ひとりのアメリカ人女性教師が、「アメリカでは、いじめや校則違反などの問題を生徒が解決しています。日本ではそうした取り組みはないのですか」と質問しました。

当時、子どもの権利条約が批准され、子どもの意見表明や子ども参加が話題になっていました。テレビ報道でも、ティーンコートなど海外の実践が紹介されました。

私はそんなやり方もあるのかと感心しましたが、先生たちは「あれは外国の話」「管理色の強い日本の学校ではムリ」「教師がこれだけ苦労しているのに、子どもにいじめを解決できるはずがない」「問題がこじれたら責任はどうとるのか」「生徒が解決するならば、教師は何をするのか。教師はいらないのか」などと口にしていました。

その日、私は清水の舞台から飛び降りるような気持ちと、何かにすがるような思いで、教室の扉を開くと中学1年生のクラス員に向かって、「今日から、このクラスはいじめやクラスのトラブルは自分たちで解決すること」と宣言しました。35歳のときです。

興味深そうに耳を傾ける生徒、「ヒエッ」と困惑する生徒、なかには「いじめを解決するのは先生じゃないの」と口にする生徒もいました。しかし、一度口にしたことを途中で「やっぱりヤメタ」というわけにはいきません。新しい実践はどこにも手本がなく、まさに真っ暗闇を手探りで進むようなものでした。

試行錯誤と失敗の日々

当初、クラスは比較的落ち着いており、小学校からの連絡でも問題のある生徒はいません。私は悩み相談があっても、1カ月に1〜2件程度だろうと高をくくっていました。

第一回目の悩みアンケート調査は、わら半紙を裁断機で適当な大きさに切ったものをそのまま生徒に配布しました。

ふたを開けると人間関係や学習の悩み、部活や先生の悩みなど、その多さに愕然《がくぜん》としました。まさに想定外で、日頃は明るく楽しそうに生活している生徒が、こんなにも悩みを抱えているのかと絶句しました。

また学級組織はこれまで通りの学級執行部（学級委員と班長で構成）で、かれらが問題解決にあたりました。はじめは順調に進行していましたが、「こんなことをやるために立候補したのではない」とか「仕事量が増えて疲れる」などと生徒の不満が続出。

たしかに学級執行部の役目は、クラスの目標や約束の実現を先頭に立って実践することで、そこにいじめの解決や友だちの悩み相談を委ねるのは筋違いです。

それだけではありません。悩みアンケートのなかに、「班長が掃除をサボっている」「執行部が合唱練習でふざけて遊んでいる」などが見つかったのです。執行部の問題を執行部が解決することなど不可能です。私は、どうしたものかと頭を抱えました。

被害生徒と加害生徒の話し合いは、まさに驚きの連続でした。

それまで先生たちは、「いじめは絶対に許せない」とか「いじめた方が悪い」などと指導していましたが、生徒は「どっちもどっち」とか「被害者も加害者も五分五分」などと判断しました。

さらにはもの静かでおとなしいと思っていた子が陰でクラスのボスだったり、やんちゃでわがままと思っていた子が友だちに信頼されていたりと、「これまで私は、クラスのどこを見てきたのだろうか。生徒を理解していたつもりでも、まったく分かっていなかった」と思い知りました。

また今でもそうですが、当時の教育委員会や校長は教職員に対し、いじめの周囲には「いじめっ子」「観衆（周囲ではやし立てる者）」「傍観者（見て見ぬふりをする者）」がかかわっているという「いじめの4層構造論」を指導していました。

しかし、生徒たちは「本当は止めたかったけど、どうしていいのか分からなかった」「一度は声をかけたが、加害生徒にお前には関係ないだろといわれてやめた」「のどまで声が出かかったが、飲み込んでしまった」「いってもどうせ無理だとあきらめた」などと口にしたのです。

たしかに大津市いじめ自殺事件では、体育大会で被害者が縛られているのを見た生徒が「いじめられているから助けてあげて」と訴えていますし、周囲にいた同級生たちも加害生徒に向かって「縛っているのはやりすぎだ」と声をかけています。

岐阜市中学3年男子生徒のいじめ自殺では、いじめ現場を目撃した同級生が、「心配なので、私もいっしょにたたかいます。先生、力を貸してください」と綴ったメモを学級担任に渡しています。

生徒の意見は、まさにいじめの認識や生徒像を一変させました。しかしそれはほんの序の口で、本当の驚きはある人物との出会いです。

ちなみにわら半紙のアンケートは、生徒から「かっこワルイ、ださい」「縦と横が分からない」「どこに名前を書いたらいいの」などと総スカンを食らい、見直しを余儀なくされました。

コルチャックとの出会い

ヤヌシュ・コルチャック（Janusz Korczak ポーランドの児童文学者で教育者、ユダヤ人孤児の救済や教育活動に力を注ぐ。子どもの権利条約の父と呼ばれる。

1878年－1942年）との出会いは、ほんとうに衝撃的でした。

コルチャックは「それまで子どもには意見を表明するとか、教師の言動に抗議する権利はなく、すべては教師の善意や気分の良し悪しで決められていた。この教師の独裁を終わらせる」と語り、「仲間裁判」を教育活動に取り入れたことを知りました。

驚いたのは、コルチャック自身が何度も子どもから訴えられ、仲間裁判で裁かれていたことです。

―子どもが先生を訴えるなんて、そんなことが許されていいのか―

私は、いくら子どもには意見を表明する権利があるといっても、そこまで踏み込んでいいものか、と絶句しました。

しかし悩みアンケートには、「先生にこんな簡単なこともできないのといわれた」「機嫌が悪いと子どもにあたる」「〇〇先生は、怒ると机を蹴ったりして、ものに当たる」「部活で一度休んだだけなのに、一週間グラウンドの草取りをやらされた」などの先生や部活顧問への相談が多数寄せられました。私は、これらの相談はいったいどうすればいいのかと途方に暮れました。

コルチャックの「仲間裁判」は、私の力強いお手本になりました。ちなみにコルチャックの教育と業績にちなむコルチャック賞は、日本では俳優の黒柳徹子さんが受賞しています。２０１０年には、日本で初めての「国際コルチャック会議」が開催されています。

GOODBYE 生徒排除のいじめ対策

そんなある日、校長から突然に呼び出しを受け、

「きみは、何を勝手なことをやっているのか」

「組織の和を乱すつもりか、一枚岩の意味が分からないのか」

などと、校長と教頭と生徒指導主任に囲まれて叱責されたのです。今でいうパワハラです。


しかし、よほどのことがない限り、教育界では基本的に担任の学級経営には立ち入らないのが、暗黙のルールとして存在しています。私は、学習指導要領や子どもの権利条約について説明しましたが取りつく島もありません。

さらに教育委員会から呼び出しを受け、生徒指導主事が「指導」という名目で学級活動や授業を参観し、言動をチェックしました。同僚からも白眼視される始末です。

教員の世界にもいじめはある、とつくづく思い知らされました。

　翌年度の人事で私は担任をはずされ、花壇の係に回されました。草むしりをしながら、何度、先生を辞めようと思ったかしれません。花壇から校舎内で生徒と楽しそうに会話する担任の姿を見ると、少し前までは生徒指導部や生徒会顧問にいた自分が、教育者として取り残されていくような耐え難い焦燥感に襲われました。

　しかし、人生とはおかしなもので、このときの畝づくりや農具の扱いが、退職後の米作りや野菜栽培に繋がろうとは、当時の私には思いもよりませんでした。まさに「禍福は糾える縄の如し（災禍と幸福とはナワのように表裏一体で、いっときのことに一喜一憂しても仕方がないの意）」です。「ヤサイ爺」の原点が、この草むしりにあります。

　さすがに実践はここまでと諦めましたが、何人かの先生が私を学級活動のアドバイザーとして参加する機会を提供してくれ、何とか実践を続けることができました。

　そしてそのことが、生徒の先生や部活顧問に対する悩み相談を解決することに繋がりました。

　私は生徒排除で、子どもの権利侵害で、違法ででたらめな学校いじめ防止基本方針のいじめ対策に二度と再び戻らないことを誓い、「グッドバイ」を告げました。
では、次章から子ども参加の実践について説明します。

第四章

いじめの早期発見・早期対応と子ども参加

―いじめの整理整頓と役割分担―

「何がいじめか、いじめでないか分からない」

タカシくんの通った小学校のいじめ防止基本方針には、「問題発生時においては、『大丈夫だろう』と安易に考えず、問題が深刻になる前に早期に対応できるように、危機意識をもって児童の相談に当たる」と定めています。

しかし早期対応は遅れ、不登校へとエスカレートしました。

ある現場の先生は「何がいじめか、いじめでないのか分からない。どの場面で子どもに声をかけていいのか、悩むことがある」と語りましたが、同じような思いの先生は多いことでしょう。

いじめはからかいや悪口、冷やかしからいたずら、犯罪部分を含む幅広い概念です。人によって悪質な暴力や重大な犯罪をイメージしますし、悪口や冷やかしなど軽微な行為をイメージする方もみえます。学校にも「この程度ならよくあることだ」などと済ませる先生もいれば、逆に「これは絶対にいじめに違いない」などと主張する方もいます。これでは、何をどうしていいのか分かりません。

この混乱の原因は、いじめの整理整頓にあります。いじめの早期発見や早期対応の遅れも深く関係しています。

タカシくんとAくんとの関係は、同じ地域、同じ学校、同じクラスの同級生です。たがいの両親も顔見知りで、相手の職業や家族構成も知っています。

発端は小学校4年生のとき、Aくんがタカシくんともっと親しくなりたいとの思いで、タカシくんの肩を突くなどちょっかいを出したことです。

しかし、タカシくんはその意味が十分に理解できず、反応しませんでした。このとき、Aくんは「無視された」と勘違いしました。Aくんの母親は、「息子はタカシくんと仲良くしたかったが無視されたので、ついカッとなって叩いてしまった」と語っています。

タカシくんの担任はAくんを「やんちゃ」な性格、ちょっかいを「悪ふざけ」と判断し、「タカシくんを見守っていくこと、つらいときはすぐにいうよう伝えた」だけで、明確な対応をとりませんでした。たしかに子どものちょっかいなどは、日常よく見かける行動です。

しかし、この間にちょっかいは日に日にエスカレートして、悪ふざけを通り越して叩く蹴るなどの暴力行為にまで発展し、Aくんも自身をコントロールできなくなりました。そして、教育委員会はいじめの重大事態と結論しました。

この「早期発見・早期対応の遅れ」と「エスカレートしたいじめ」の原因は、先生の勝手な思い込み（第二章「いじめ発見を遅らせる先生の勝手な思い込み」）といじめが整理整頓されていないことにあります。

担任がクラスではじめにやるべきことは、まず教室の整理整頓です。靴やカバンはどこに置いて、教科書や文具はどこにしまうかを子どもたちが分かるようにします。ゴミ屋敷のような教室では、子どもたちは落ち着いて学習や生活はできません。

いじめも整理整頓により、「この問題は生徒が解決」「この問題は先生が解決」「この問題は保護者が参加」「この問題は警察などの諸機関と連携」と役割分担が明確になります。さらにいじめがいつごろ、どこで、どのように発生するかを予想することが可能となり、より的確ないじめ防止が期待できます。

予測が可能な問題

学習指導要領解説は学級の諸問題について、「学級内の人間関係のあつれきの対処の仕方」「係りや当番などの仕事の遂行に伴う悩みの解決」「教科の学習にかかわる問題」（平成20年改訂「中学校学習指導要領解説特別活動編文部科学省」より）をあげています。

ここで注意すべきは、学級の諸問題には「予測可能な問題」と「予測困難な問題」があることです。

4月の入学式、中学生たちは「中学では英語を頑張ろう」「勉強にはついていけるだろうか」「だれといっしょのクラスになるだろうか」「学級担任はどんな先生か」「どんな係があるだろうか」などの希望や不安を抱いて校門をくぐります。これらは毎年発生する問題で、事前に予測でき対応も可能です。

学校では、「人間関係で問題のある子はいないか」「いじめの被害者と加害者が同じクラスになっていないか」「学力上位の生徒や下位の生徒の偏りはないか」「リーダーになる生徒はいるか」などを考慮しながらクラス分けを行います。

職員会議で学級担任が決まると、担任は「班の構成（メンバーや班長など）について」「掃除当番や給食当番の人数と分担について」「新しい係や役割について」などを検討します。

この時期のクラスは、まだ集団としてまとまっていません。担任は、個別指導や親睦会（クラス交流会やお楽しみ会）を計画するなどしてクラスの一体感を図ります。

学校の繁忙期と予測困難な問題の発生

つぎにリーダーや班長、係や当番などが決まり、学級組織が動き始めると、人間関係や係活動などで様々な問題が発生します。以下、生徒のアンケートから内容の一部を紹介します。

【クラス員について】「Aさんがちょっかいを出してくる」「Bくんが知らないところで悪口をいっている」「Cくんが人のものを勝手に使って返さない」「Dさんは自分がやったのに、絶対にやったと言わない」「Eさんはやめてと注意してもゴメンと言うだけで、また同じことをやる」「Fさんはテストの点数を勝手に人にばらした」「わたしが部活のレギュラーになったら、何であの子がといわれた」など。

【学級活動や授業について】「給食を食べる時間が短い」「掃除の備品が少ない」「掃除場所が広すぎて時間内に終われない」「授業中に私語をしている」「授業中に立ち歩いている子がいる」「テスト勉強をしていたら、まじめぶりっ子といわれた」「教室が暑くて学習に集中できない」「黒板の字が見にくい」など。

【リーダーや係について】「リーダーなのに仕事をまじめにやらない」「うるさい子を注意しない」「教科係が連絡をきちんとしない」「給食当番のとき、ほとんどの人はすごくよく働いているけど、一部の人がサボっている」「掃除中にふざけている子がいる」「5班は時間にルーズ。よく掃除から戻るのが遅れる」など。

【行事活動について】「体育大会の練習がつらい」「種目がおもしろくない」「持久走大会に出たくない」「合唱コンクールでまじめにやっていない子がいる」など。

【先生や部活顧問について】「先生にこんな簡単なこともできないのといわれた」「機嫌が悪いと子どもにあたる」「○○先生は、怒ると机を蹴ったりして、ものにあたる」「保健室の先生に、この程度のケガはたいしたことないと言われた」「部活で一度休んだだけなのに、1週間グラウンドの草取りをやらされた」「ミスすると怒鳴られる、顧問が怖い」など。

【性（男女関係）について】「勝手に○○くんとつき合っているといわれた」「男子と話していたら変な噂《うわさ》を立てられた」「○○さんが好きだといいふらす子がいる」など。

これらが予測困難な問題で放置したり、適切な対応を怠ることで深刻ないじめや重大事態へとエスカレートするのです。いじめではありませんが、「いじめの芽」です。

生徒が仲裁者として解決するのは、こうした問題です。

しかし、すべてをしゃくし定規にとらえるのは禁物です。たとえば、金品の貸し借りに関する問題では、借りたものがエンピツや消しゴムなどの文具程度ならば生徒が仲裁者として解決しますが、高価な商品や金銭が絡んだ貸し借りは教師が積極的に介入（指導・援助）し、場合によっては教師が解決します。

こうした問題の多くは、5月から7月の新学期に集中して発生します。

この時期は、学校の「繁忙期」です。クラスでは授業がスタートし、学級組織が本格的に動き出します。生徒会活動や部活動も始まり、ほかにも発育検診や眼科検診、耳鼻科検診、内科検診等の健康診断と各種の行事がめじろ押しです。

先生たちは、猫の手も借りたいくらいの忙しさとなります。この繁忙期に発生した諸問題が、先生たちの隙間をぬって短期間でいじめへとエスカレートするのです。
実際、大津市いじめ自殺事件の舞台となったクラス（36人）は、特に注意しなければならない生徒もおらず、平穏で成績も学年上位だったにもかかわらず1学期に荒れが見えはじめています。
「男子はそれぞれクラス内に居場所を求めている感じであった。授業中に、菓子を食べたり、携帯型デジタルオーディオプレーヤーを聞いたりする生徒もいたという」（大津市立中学校におけるいじめに関する第三者委員会の調査報告書より）
2学期には荒れはますますエスカレートしました。
「ある教員によれば、2学期になってから、授業中一部の男子が集中せず、ペンを投げて貸し借りしていた。また、加害をしたとされる生徒のうち2名がアイコンタクトを取り、周辺の生徒もそれを許して笑って誤魔化しているような雰囲気があり、学級全体がなんとなく冷たい、その場とは違うところにいるように感じたという教員もいた。また、このクラスの生徒の関係がグループごとにばらばらで、クラス全体の雰囲気への嫌悪感から、隣のクラスで授業を受けたという生徒もいた」（同上）
クラスはアッという間に崩壊し、悲惨ないじめ自殺事件と繋がったのです。

教師が解決する問題と発達でこぼこ

教師が個別に解決するものには、「個人情報やプライバシーの問題」「相手を傷付けるような結果が予想される問題」「教育課程の変更に関わる問題」「校内のきまりや施設・設備の利用の変更などに関わる問題」「金銭の徴収に関わる問題」「健康・安全に関わる問題」（平成29年改訂学習指導要領解説より）をあげています。

たしかに、「明日は、数学のテストはなしにしよう」とか「クラスで食事会をするから、全員1万円を持ってくること」などと生徒が勝手に決めてはなりません。

しかし、教師が解決を図る前に、生徒の意見を求めることは重要です。安全にかかわる問題では、「下校で不審者を見かけた」や「通学路に街灯がない。冬は道が暗くて怖い」などは、不審者マップや地域安全マップに反映できます。

「相手を傷付けるような結果が予想される問題」は、難しい問題です。相手を傷つけるつもりがなくても、結果的にそうなることもあります。とりわけ、「発達障害」は配慮が必要です。

発達障害とは、生まれつき脳機能の一部に障害があり、認知や行動などに偏りが現れることで、「自閉症スペクトラム」「注意欠陥・多動性障害」「学習障害」などがあります。

特徴として、「整理整頓や片づけができない」「ソワソワして落ち着きがない」「カッとなりやすく、こだわりが強い」「読み書きが苦手」などがあげられます。かつては親の育て方やしつけが原因とされ、そうした偏見や誤解により周囲から「親があまやかして育てた」とか「愛情が不足している」などと非難されることもあります。

また、「子どもだから仕方ない」などと見過ごされたままで大人になり、成長とともにうつ病などのほかの精神疾患を発病するようになる人もいます。

学校としては、発達障害の子どもが被害者なり加害者になった場合は、事前に保護者と十分相談したうえで、生徒が解決した方がいいのか、それとも教師が解決した方がいいのかを探らねばなりません。

それにしても、「発達障害」という呼び方はいただけません。小学校の児童が落ち着きがないからと、担任から「あなたのお子さんは、発達障害の疑いがある」などといわれたら、どんな親でも引いてしまいます。専門家のなかには、子どもの場合は

「発達障害」ではなく、「発達でこぼこ」とか「アンバランス症候群」などと表現した方がしっくりするとの意見もありますが、大賛成です。

禍根を残す校則見直し

校内のきまり（校則）は、教師が解決する問題です。昨今、「校則の見直し」として、制服や頭髪などについて生徒に新しく校則を作らせるなどとする学校がありま す。

しかし、生徒同士で賛成・反対と意見が対立し、「あの子が反対したから校則見直しがダメになった」などと生徒間に亀裂や禍根を残すことがあります。後々になって問題が発生したときに、「あれは生徒が決めたことで学校は生徒の意見を尊重したまで」と責任逃れの隠れ蓑《みの》となりかねません。

校則は教師が解決すべきですが、その前に学級会や生徒議会で生徒が意見を表明する機会を設けるべきです。そこで一定数の要望があれば、学校は具体的な対応を協議します。その際、生徒に企画書（提案理由などを記載）を提出させるなどは大切でしょう。

また、学習指導要領解説にはありませんが、「自殺願望や自傷行為」はやはり教師が解決する問題です。自殺願望には、極度な孤立感（「一人も友だちがいない」「クラスのだれも自分の苦しみを分かってくれない」「クラスに居場所がない」など）や無価値観（「私なんかいない方がいい」「何のために生きているのか分からない」「生きていても仕方がない」など）があります。

自傷行為とは、リストカットや根性焼きなど意図的に自分の身体を傷つける行為です。それが原因となり、自殺未遂やうつ病を発症したりします。こうした問題は学校と保護者が連携し、専門医やスクールカウンセラーなどの協力を得て対応します。

いじめの重大事態への対応

いじめの重大事態について、いじめ防止対策推進法第28条はつぎのように定めています。

学校の設置者又はその設置する学校は、次に掲げる場合には、その事態（以下「重大事態」という。）に対処し、及び当該重大事態と同種の事態の発生の防止に資するため、速やかに、当該学校の設置者又はその設置する学校の下に組織を設け、質問票の使用その他の適切な方法により当該重大事態に係る事実関係を明確にするための調査を行うものとする。

一　いじめにより当該学校に在籍する児童等の生命、心身又は財産に重大な被害が生じた疑いがあると認めるとき。

二　いじめにより当該学校に在籍する児童等が相当の期間学校を欠席することを余儀なくされている疑いがあると認めるとき。

重大事態とは、「子どもの生命や心身、財産に重大な被害が生じた疑いがあるケース」と「不登校が続いているケース」です。

２０２３年2月、文科省は全国の教育委員会に対し、「重大ないじめ事案や犯罪行為として取り扱われるべきと認められる場合には、学校は、いじめが児童生徒の生命や心身に重大な危険を生じさせる恐れがあることを十分に認識し、いじめ防止対策推進法第23条第6項に基づき、直ちに警察に相談・通報を行い、適切に援助を求めなければならないこと」と通達し、「ゲームや悪ふざけと称して、繰り返し同級生を殴ったり、蹴ったりする」（暴行罪）「無理やりズボンを脱がす」（暴行罪）「感情を抑えきれずに、ハサミやカッター等の刃物で同級生を切りつけてけがをさせる」（傷害罪）など19の事例をあげてどの罪名に当たる可能性があるかを示しました。

通達は、「犯罪行為として扱われるべきいじめは、学校だけでは対応できない場合がある」として、児童生徒の命や安全を守ることを最優先にして警察との連携強化を要請しています。これらは、学校が警察と連携し、解決を図る問題です。

第五章

日本で一番小さな裁判所

―学級組織づくりと法教育―

担任の独裁を生む組織

本章では、学級組織づくりについて説明します。

新学期に学級担任がまず行うのが、学級組織づくりです。学級組織は、生徒によるいじめ解決を実現するものでなくてはなりません。

現在多くの学校で採用されている学級組織は、担任を頂点に学級執行部（学級委員や班長などリーダーで構成）からクラス員へと伝える縦割りのピラミッド型組織で、担任の指導（指示・命令）を迅速かつ的確にクラス全員に伝え、効率的にクラスを運営できます。

ここでは担任の指導に対し、生徒は意見することも、訴えることも許されていません。もしそんなことをしたら、担任から「生意気な子ども」などと目をつけられ、指導要録や内申書に何を書かれるか分かりません。いわゆる担任独裁の組織なのです。

反面でこの組織では最終的にすべての責任は担任に返ってくるために、担任の仕事量は際限なく拡大し、ストレスは蓄積されます。

また、クラス40人余の生徒を担任一人で動かすのは、無理です。

担任の右腕となり指示を的確にクラス員に伝え、クラスをまとめるリーダー（学級委員や班長）の存在なくしては回っていきません。リーダーはクラス員の信頼が大切ですが、それ以上に担任への忠誠度が求められます。そのためリーダーの選出は、クラス員の承認があっても、自分が納得するまで決定しない担任もいます。

そのリーダーがクラス員から、「仕事をまじめにやってない」とか「うるさい子を注意しない」などと訴えられたとき、担任は困惑します。

担任の聞き取り調査に対し、リーダーが「私は、自分なりに一生懸命にやっています。先生は信じてくれないのですか」などと回答したらどうでしょうか。担任としては、どうしてもリーダーの意見に重きを置いてしまいます。

しかし、クラス員からは「先生はひいきしている」「私たちのいうことを信じていない」などと反発を買うことになります。いつしかクラス員の心は担任から離れていきます。

社会科公民と特別活動

では、いかなる組織が学級活動の目標や内容にかなうのでしょうか。そこで参考となるのが、「社会科公民」です。特別活動と社会科公民は、切っても切れない関係にあります。

たとえば社会科公民の三権分立の学習は、国会を生徒総会、議会を生徒議会、内閣を生徒会執行部に模して活動しています。選挙制度は、生徒会活動や学級活動でリーダーを選ぶ際に、立会演説会や投票などに反映します。実物の投票箱を用意するとか選挙管理委員会が開票速報を報じるなど工夫している学校もあります。

いじめ防止対策推進法は、いじめを「権利の侵害」としています。

「いじめが、いじめを受けた児童等の教育を受ける権利を著しく侵害し、その心身の健全な成長及び人格の形成に重大な影響を与えるのみならず、その生命又は身体に重大な危険を生じさせるおそれがあるものである」（第1条）

公民の教科書は、権利侵害の対応を解説しています。

「もし人権が侵害され、個人の力で解決することが難しい場合は、裁判に訴えて、裁判所に法に基づいて公正に判断してもらうことが必要になります。そこで、裁判所に裁判を行うように求める権利である、裁判を受ける権利が保障されています」（「新しい社会公民」東京書籍より）

学級組織は、権利侵害であるいじめを裁く裁判所のある三権分立の組織づくりを目指すべきです。生徒が仲裁者として学級の諸問題を解決し、司法（裁判）を実践的、体験的に学ぶ組織が「学級裁判所」です。

生徒の隣にある学級裁判所

学級裁判所はクラスにあって、いつでもどんな相談でも受けつけます。生徒のもっとも近くにあって、生徒による生徒のための日本で一番小さな裁判所です。大切なのは、生徒のすぐ隣にあってすぐに相談できること、そして相手が見えることです。

しかし、裁判員がいじめ当事者に近い存在だと、相手側から「あの子は被害者の友だちだから、自分に不利な意見をいうに違いない」などと疑われかねません。それでは「公正」で「公平」な話し合いは期待できません。そのために裁判員の選出には、つぎの点に留意しなくてはなりません。

①学級裁判員は、複数で構成すること。

②学級裁判員は、クラス員の民主的な選挙で選ばれること。

③学級裁判員は、服務規程が必要であること。

④学級裁判員は、クラス員から定期的な評価を受けること。

裁判員は、男女2人ずつの計4人で、クラス員の民主的な選挙で選ばれ、任期は6カ月です。適性としては、公平中立で裁判に興味のある人物が望ましいです。

学級裁判所は、クラス員の悩みを直接聞き、解決します。それは、個人のプライバシーに深くかかわる仕事です。

そのために、裁判員には「個人の秘密やプライバシーを守る」「いっぽうの意見だけでなく双方の意見に耳を傾ける」「クラス員のために熱意を持って頑張る」「自覚と責任を持って活動する」など厳しい服務規程が求められます。

裁判員はクラス員から定期的に評価され、学級会でクラス員の4分の3以上の不信任で解任されますが、弁明の機会を与えられます。

新しい学習指導要領は、学級活動の内容に「役割の自覚」を加筆しましたが、服務規程や評価は公平公正な話し合いをするためにも、また裁判員の自覚をうながすためにも必要不可欠です。

しかし、早とちりは禁物です。イギリスのあるミドルスクール（日本の中学校に相当）では、生徒によるいじめの解決の手段として裁判の実践を行いました。

まず、12名の生徒裁判員を選出し、いじめ被害生徒の訴えがあると、加害者生徒に内容が通知され、裁判を開催します。裁判では双方の生徒がたがいに意見を述べ合い、判決はイギリスの陪審制を模して別室で話し合いを持ちます。

当初、校長は「裁判が吊し上げになるのでは」と懸念しましたが、そうしたこともなく公平な審議が行われました。しかし、いじめ加害生徒が有罪の判決を受けて泣き出すとか、決定を下すときに心の痛みを感じる生徒裁判官も出てくるなどの予期せぬ問題が発生したのです。そのため裁判は次第に行われなくなり、中止になりました。

とかく裁判と聞くと、有罪・無罪や白黒をはっきりさせて相手を弾劾（犯罪や不正をはっきりさせて、責任をとるよう求めること）する様子をイメージします。

しかし、学校は教育機関であり、そうであってはなりません。もちろんそこには「有罪」や「無罪」はもちろん、「勝ち」や「負け」もありませんし、あってはなりません。

図２　三権分立の学級組織

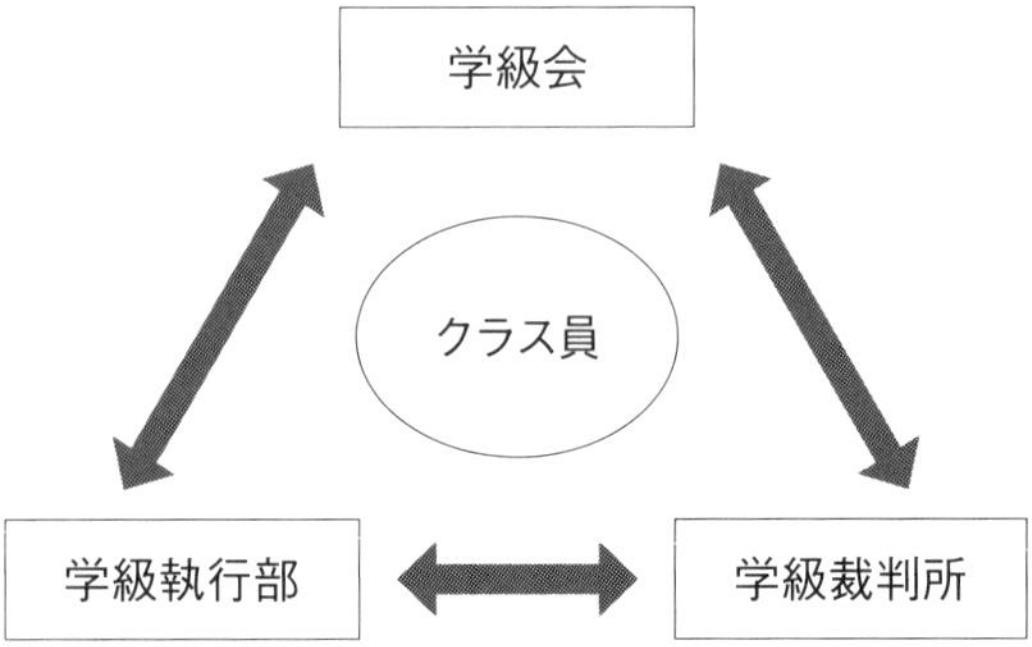

学級裁判所の目的と役割

目的	いじめなどクラスの諸問題を話し合いによって解決する。
メンバー（裁判員）	4人（男女各2人ずつ）
適性	公平中立で裁判に興味関心のある人
選出方法と任期	学級会による選挙　6ヵ月
役割	・悩みアンケートの作成と悩み相談 ・相談内容の詳しい調査 ・学級裁判の開催
服務規程	・個人のプライバシーを守る。 ・自覚と責任を持って活動する、など。
活動の評価と解任	定期的に活動を評価され、クラス員の4分の3以上の不信任で解任される。ただし弁明の機会を与えられる。

法的なものの考え方とは

イギリスのミドルスクールの失敗は、大人社会の裁判制度をそのまま教育の場に持ち込んだことにあります。同じような轍を踏まないために重要になるのが「法教育」で、学習指導要領にも位置づけられています。

法務省は法教育について、「法律専門家ではない一般の人々が、法や司法制度、これらの基礎になっている価値を理解し、法的なものの考え方を身に付けるための教育」と説明し、法教育の理解に向けて学校向けの教材を準備したり、裁判所や弁護士会などは裁判所の見学や模擬裁判などの出前授業を行うなどして、生徒の活動を支援しています。

ここで重要なのが「法的なものの考え方」で、ものごとの動機や原因を明らかにするために必要な情報を収集し、再発の防止を考えることです。

たとえば学級内でいじめが発見されたときに、いつ、どこで、どのようないじめがあり、だれが関係したのか、証拠や証人はいるのか、さらには、いじめの被害生徒や加害生徒の環境やそのときの心情などの情報を収集します。そして疑問点や矛盾点を明らかにして、動機や原因を探ります。

加害者なり被害者の悲しみや痛み、切なさ、つらさ、さらには憤りや怒りや孤独などの心の琴線に触れることなくして、いじめの解決はありません。そして参加者全員で、同じ過ちを繰り返さないためにどうするかを考えるのです。

たとえ話し合いが決裂や平行線で終わっても、いじめ被害者や加害者の心情や動機が理解できたならば大きな収穫です。逆に、いじめが解決できたとしても、心情や動機が分からないようでは真の解決とはいえません。

では、学級裁判所の動きを紹介します。

イラスト入り悩みアンケート

学級裁判所の役割のひとつが「悩み相談の受けつけ」です。

学級裁判所はクラス員の悩みや苦しみを把握するために、月2回の「悩みアンケート」による調査を実施します。月2回という数字は、「いじめは、学校が認識している以上に短期間でエスカレートする」という実態からそうしました。

悩みアンケートは作成から実施、集計までのすべてを裁判員が行います。記名でも無記名でもよく、クラス員は人間関係や学習や進路、係活動や部活動、先生や部活コーチ、健康安全や行事など、悩んでいることを自由に書き込みます。

悩みアンケートには、イラストや「何でも気軽に書いてね」といった吹き出しも登場します。もちろん緊急のトラブルや悩みごとが発生すれば、学級裁判所は直接に相談を受けつけます。

当初、生徒が自主的に作成したイラスト入りのアンケートに対し、私は「ちょっとふざけてはいないか」とか「こんなものにクラス員は悩みを書いてくるだろうか」などと思いました。

しかし、クラス員からは「何となく親しみが持てる」とか「書こうかなと思う」などと好評で、なかにはびっしりと細かい文字が並んだアンケートもあり、あらためて生徒の先見の明と自主性や主体性の大切さについて考えさせられました。

友だちの悩みアンケートを手にした中学2年の女子裁判員は、「悩みアンケートを見ると、クラスのなかにこんなに悩みや相談があって、一人ひとりがそのことをすご

「ねえねえ、 何書いてるの?」「見るな!」
悩みアンケートの実施―岐阜県大垣市S中学校―

生徒が作成した悩みアンケート、 イラストや吹き出しがある。
岐阜県大垣市S中学校

く考えていることに驚きました。裁判員にならなかったら、私は友だちの悩みに気がつかなかったと思います。クラスで起きたことが、良くても悪くてもただそれで終わってしまったと思います。それを自分のこととして考えられました。すごく嬉しいことでした。友だちの悩みを親身になって考えることは、とても大切だし、心に残るものでした」と語りました。

友だちの悩みに共感することで、親身になった対応が期待できるのです。

いじめの聞き取り調査と情報収集

いじめを解決するには、正確な情報収集は欠かせません。

クラスで何が起きたのか、そのときに当事者がどんなことを感じたのか、今はどう思っているのかなどきちんと把握することです。何気ない言葉の裏に、怒りや悩みが隠されていることがあります。

そのため、悩みアンケートの集計の後に聞き取り調査を行います。これは、後の学級裁判の行方を左右する重要な活動です。かならず2人のペアで行い、相談者と相手方の双方の生徒に調査します。たとえば、いじめ関係者の聞き取り調査の質問事項はつぎのようです。

いじめ被害生徒の聞き取り調査

はじめに、「私たちは、あなたの相談について詳しい調査に来ました。ここでの会話は、あなたの許可なく学級裁判所の関係者以外の人には話しません」と調査の目的とプライバシーの保護を約束します。

調査内容は、まず「いつ（WHEN）」「どこで（WHERE）」「だれが（WHO）」「なにを（WHAT）」「どのように（HOW）」と事実を確認します。

つぎに、「あなたは、なぜそんなことをされたのか分かりますか」「そのときどんな気持ちでしたか」「いまの気持ちはどうですか」「あなたはどうしてほしいのですか、または、どうしたらいいと思いますか」「あなたは、相手の子と話し合いを希望しますか」「ほかにこのことを知っている人はいますか」などを詳しく調査します。

最後に、「私たちもあなたといっしょに動いてもいいですか」と委任確認をとります。相談者の了解をとることなく勝手に動くことは違法です。学校は「早期解決・早期対応」として、生徒の了解も得ずに行動することがあります。少しでも早く解決したいという気持ちは分かりますが、これでは生徒は置き去りです。相談者の了解を得ずに勝手に動くことは許されません。

いじめ加害生徒の聞き取り調査

はじめに、「私たちは、先日の悩みアンケートにより〇〇さん（いじめ被害生徒）の件を調査に来ました。ここでの会話は、あなたの許可なく学級裁判所の関係者以外の人には話しません」と目的とプライバシーの保護を約束します。ただし、加害生徒の言動が「いじめの重大事態」の疑いがある場合は、この限りではありません。

調査内容は、まず「いつ（WHEN）」「どこで（WHERE）」「だれが（WHO）」「なにを（WHAT）」「どのように（HOW）」と事実を確認します。

つぎに、「あなたは、なぜそんなことをしたのですか」「そのときどんな気持ちでしたか」「いまの気持ちはどうですか」「あなたは、相手がどんな気持ちか分かりますか」「あなたは、相手の気持ちを考えたことはありますか」「あなたは、相手の生徒と話し合いを希望しますか」「ほかにこのことを知っている人はいますか」などを詳し

放課後、クラス員に聞き取り調査する学級裁判員
—岐阜県大垣市S中学校—

く調査します。

最後に、「相談者はあなたを怖がっています。近づいたり、話しかけないようにしてください」と接触の禁止を伝えます。これはとても重要で効果的です。

しかし、おなじ教室で生活している限り、何らかの接触は避けられません。学級では学級執行部と相談のうえで、「座席を移動する」「係活動を変える」「休み時間や移動教室は、相談生徒といっしょに行動する」などの緊急措置をとります。

聞き取り調査の内容項目は相談によって異なります。事前に学級裁判所で、「どのようなことを質問したらいいのか」などを打ち合わせてから決定します。
また、先生や部活顧問などの聞き取り調査は、かならずほかの教員が同行します。

宣誓「私はけっしてウソはいいません」

聞き取り調査が終了すると、学級裁判所は被害生徒と加害生徒の調査内容を検討し、学級裁判の開廷を協議します。開廷の条件は、つぎのような内容です。

・相談生徒と相手生徒の主張が、あきらかに食い違っている場合
・相談生徒が話し合いを望んでいる場合
・相談生徒が泣いたり、おびえている場合
・程度の軽いことでも、何度も繰り返し行われている場合
・加害生徒に罪の意識が希薄な場合

学級裁判員は教師と相談し、全員一致で開廷を決定します。教師は「個人情報やプライバシーに触れることはないか」とか「相手を傷つけるような結果が予想されることはないか」などを確認し、開廷を支持します。

学級裁判の司会進行は、すべて学級裁判員が行います。参加者は、学級裁判員４人と臨時裁判員若干名（より多くの生徒が、裁判を体験するためにその都度クラス員から選出）、相談生徒と相手生徒、学級担任や保護者などおよそ10名ほどです。参加者はロの字に並べられた机に席をとり、教員や保護者は少し離れた場所に着席します。

ここで大切なことは、「正しい」とか「正しくない」で相手を責めないことです。「いじめはやった方が絶対に悪い」では、話し合う前から結論は決まったようなものです。裁判の進行手順は、つぎの通りです。

①はじめの言葉
②参加者の紹介と諸注意
③誓いの言葉（相談生徒と相手生徒）
④聞き取り調査の結果報告
⑤質疑応答
⑥討論と参加者の意見表明──討論終了後、参加者一人ひとりが最終意見を述べる。
⑦謝罪と和解
⑧反省の評議

⑨ 公開・非公開の評議

⑩ おわりの言葉

まず、裁判長が開会を告げ、

「今日の話し合いはどうして問題が起きたのか、どうしたら友だちの悩みを解決できるのか、どうしたら同じ過ちを返さないようにできるのかを考えます」

と会の目的を告げます。

つぎに、参加者の紹介（保護者やスクールカウンセラーなどが参加している場合）と諸注意（「クラス員を傷つけるような乱暴な言葉はいわない」「勝手に立ち歩いたり、進行を乱すようなことはしない」など）を知らせます。

誓いの言葉は、相談生徒と相手生徒が「私は、決してウソはいいません。勇気を出して本当のことをいいます」と宣誓書を読み上げることです。調査員（学級裁判員）は参加者に聞き取り調査の結果を報告し、関係生徒に内容に間違いや訂正がないかを確認します。

つぎに「質疑応答」に入りますが、保護者などオブザーバーの発言は許されません。参加者は「質問」と「答弁」を繰り返し、疑問点や矛盾点を明らかにし、「意見表明（討論）」へと進みます。

ここで注意することは、教師の発言です。最初に先生が意見するとそれが決定になってしまい、生徒は意見をいいづらくなります。教師は質疑応答に参加できますが、討論には参加できません。討論終了後、参加者一人ひとりが最終意見を述べ終わった後に、教師は意見を述べます。

つぎに裁判長は相談生徒と相手生徒に「ふたりは話し合いに納得しましたか。まだ納得できないことが残っていませんか。ないのなら仲直りをしましょう」と和解を呼びかけ、当事者は席を立ち向かい合って仲直りし、閉会となります。以上が大まかな学級裁判の流れです。

「反省の評議」と「公開・非公開の評議」は次章で説明します。

第五章　日本で一番小さな裁判所
― 学級組織づくりと法教育 ―

「学級裁判の風景」中央が女子裁判長。生徒の提案でテーブルに花が飾ってある。
―岐阜県大垣市S中学校―

「勇気を出して本当のことをいいます」
学級裁判で起立して宣誓する生徒　中央が男子裁判長
―岐阜県大垣市S中学校―

第六章

不思議でクールな子どもの世界

―子ども参加と学校の役割―

意識改革は生徒との協働から

本章は、学級裁判での先生の役割を紹介します。

平成14年度に担任した中学3年のクラスは、生徒は優秀で落ち着いたクラスでしたが、1年間で107件（クラス員から99件、教員から8件）の相談がありました。これだけの相談をわずか4人の裁判員で対応することは不可能です。

集計した悩みアンケートは学級裁判員と教員とで、「生徒が解決する相談」「先生が解決する相談」とに仕分けし、解決の依頼先を探します。

たとえば、「給食時間が短い。時間内に片づけられない」といった相談は給食委員から給食担当教諭へ、「掃除道具が足りない」は美化委員から美化担当教諭へ、「通学路に不審者がいた」は生活委員から生徒指導担当教諭へと解決を依頼します。

ある男子生徒から、「朝から勉強に集中できない、身体がだるい」と相談がありました。原因は朝食抜きの不規則な生活です。話し合いでは、保健委員から養護教諭へと依頼先が決まりましたが、教師の仕事はここからです。

いきなり保健委員が男子生徒を連れて行っても、養護教諭は戸惑うでしょう。

事前に「明日、保健委員がクラスの男子生徒を一人連れてうかがいます。不規則な生活で身体がだるいと訴えています。体格は立派ですが、どうも保健室はハードルが高いようです。正しい生活習慣について講話をお願いします」などと伝えておけば、先方も事前準備ができます。

また、「死にたい」と書いたアンケートがありました。裁判員に確認すると「あの子は持久走大会が近くなると、いつも出たくない、死にたいと愚痴っている。心配ないよ」と伝えてくれました。案の定、持久走大会が終わるとケロリとした顔でもとの生活に戻りました。私ひとりなら過剰反応して右往左往でした。

協働とは、同じ目的のために、対等の立場で協力して共に働くことです。新しい取り組みは、協働という考えなくして回っていきません。指導や支援だけでは、かならず上から目線になります。教師の働き方改革は、協働という視点からはじまります。

協働の取り組みで、このクラスの１０７件の相談のうち77件が解決しました。最短は１日でスピード解決するなど、問題処理能力は格段にアップしました。現在の教師主導の自前主義的な教育相談では、限度があることは否めません。

相談で驚いたのは、「勘違い」や「思い込み（思い違い）」の多さです。たとえば、

「いっしょに帰ろうと約束したのに友だちに無視された」の相談が、友だちがうっかり約束を忘れていただけで、生徒自身が直接にその友だちに謝りに行きました。「先輩ににらまれた」はたまたま廊下で目が合っただけで、そのまま解決となりました。

しかし、こうした勘違いや思い込みをそのまま放置しておくと、疑心暗鬼にとらわれ不安や恐怖が拡大します。とくに、過去にいじめを経験した生徒やこだわりの強い生徒はなおさらです。たとえ結果的に勘違いや思い違いであったとしても、初期対応とはそうしたケースも含んだものと認識すべきです。

このクラスは「生徒個々で解決」が15件、「学級裁判で解決」が13件、2件は学級会などで解決しました。

余談ですが、深刻なのは「学習・進路」に関する相談で、どの学年でも人間関係の悩みについで多い相談です。

内容は、「数学の勉強が分からない」「一生懸命に勉強しても成績が上がらない」「宿題やプリントが多い」「疲れて授業中寝てしまう」「塾や習いごとで遊ぶ時間がない」「自分なりにやっているのに、親が勉強しろとうるさい」「テストがこわい」などがありました。

図３　生徒の悩みの相談の解決方法

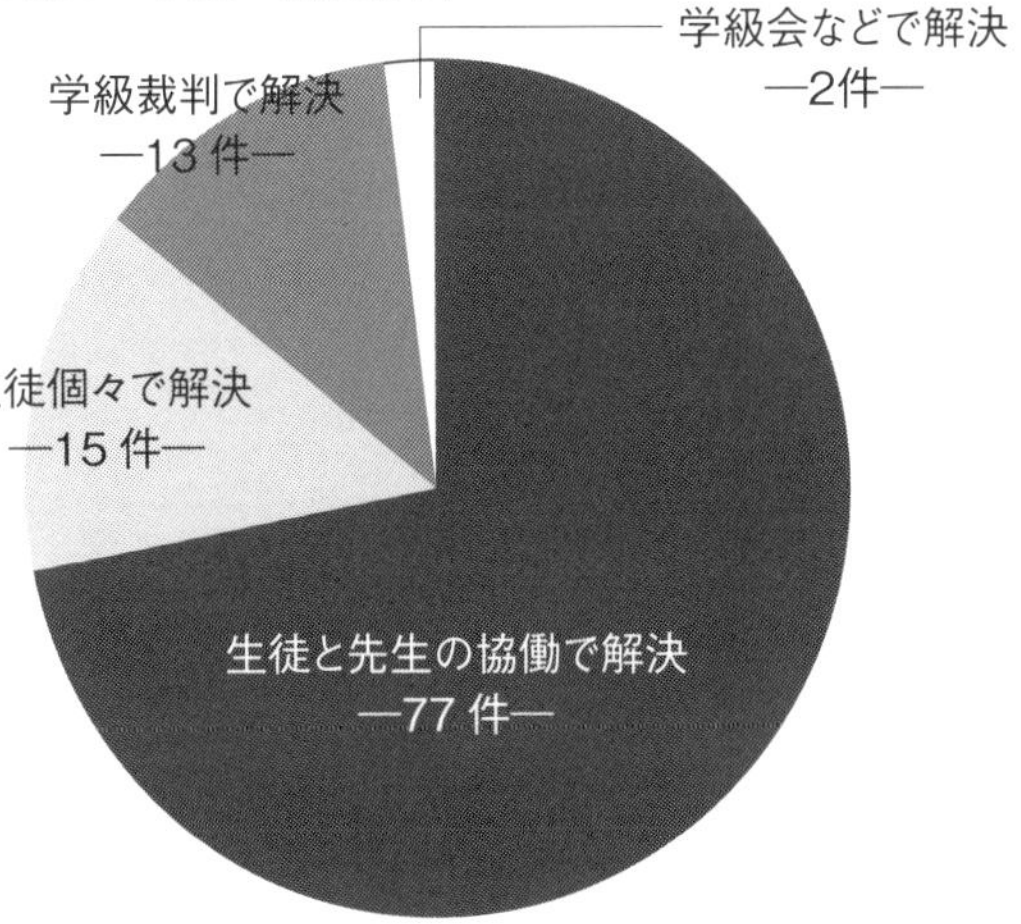

（平成 14 年度岐阜市G中学校３年生）

先生と生徒の協働による悩みアンケートの仕分け
―岐阜県大垣市S中学校―

文科省の令和3年度の「児童生徒の問題行動・不登校等生徒指導上の諸課題に関する調査結果」によると、不登校の要因のなかで「学業の不振」が、国公私立の小学校で2、637件、中学校で10、122件と学校関係では人間関係のつぎに多い問題です。コロナ禍の影響もありますが、教室には勉強に息苦しさを感じている子どもがいます。

日本の教育はいまだ「点数主義」や「学歴主義」から脱却していません。生徒の「一生懸命に勉強しても成績が上がらない」といった悩みを大人社会はどう受け取ればいいのか、社会全体で考えねばなりません。

保健室で大泣きした生徒

教師の役割に「生徒のカウンセリング」があります。

ある小学校で担任が気になる児童を呼び出したところ、その子は目を吊り上げ、「どうせまた怒られるのやろ、ボクは絶対に悪くないぞ！」と担任を睨みつけました。児童は以前にも同じように呼び出され、叱られてきたのです。

いじめ被害生徒と加害生徒の話し合いでもっとも困難なことは、両者を同じテーブルに着かせることです。学級裁判は話し合いによる問題の解決を目指しますが、なかには参加をしぶる生徒もいます。とくにいじめ被害生徒は、「仕返しをされはしないか」「いじめがもっとエスカレートしやしないか」「ほんとうに解決できるのだろうか」などと心は揺れています。

加害生徒にしても、「どうして自分だけ呼ばれるのか」とか「話し合っても仕方ない」などとしぶります。なかには、「あいつが先生にチクったからこんなことになった」などと逆恨みする生徒もいます。もちろん裁判員たちも参加を促しますが、教師はこうした生徒たちとカウンセリングをもち参加を後押しします。

カウンセリング（教育相談）とは、「悩みや苦しみを抱えている人の相談に乗り、援助・助言・指導を通じて本人の成長や発達、問題の解決をサポートすること」です。教師は、たとえいじめの加害者であっても寄り添う姿勢を忘れてはなりません。

たとえば、加害生徒のカウンセリングは、こんな具合です。

「だれもあなたを叱ったりしようなんて思っていないよ」

「相手の子は、あなたのことでとても悩んでいる。クラス員のだれもが、楽しい学校生活を送りたいと思っている」

「このまま争いを続けていても、何もいいことなどないよ」

「いつまでもそんなことをやっている暇などないはずだよ」

教師は生徒の視野を広げ、共通の目標に目を向けさせます。

保護者や先生のなかには、「子どもが話し合いたくないといっている。無理に話し合いをしてもムダだ」という声もあります。それでは、いつまでたっても問題が解決しません。

余談ですが、かつて郡部の中学校に赴任したとき、保健室から、「助けて〜、やめて！」と悲鳴が響いてきました。でも、気にかける先生はだれもいませんし、笑っている先生もいます。

この日は予防接種、悲鳴は注射から逃げようとする中学2年の女子生徒です。中学生にもなってと思いますが、本人は怖いのだから仕方ありません。ドクターや看護師はあの手この手でなだめて事なきをえましたが、女子生徒は注射を済ませるとケロリとしていました。子どもの生命や安全にかかわる問題は、無理を押し通してでもやらねばならないことがあります。

話を戻します。カウンセリングは、和解の後も重要です。大津市いじめ自殺事件では、被害生徒と加害生徒が担任の前でハグをして和解したにもかかわらず、その後も暴言暴力は続きました。

学級裁判で和解した後も被害生徒の心は、「本当にこれでいじめがなくなるのか」「また、いじめられないか」などと揺れています。加害生徒は、「友だちからおかしな目で見られないか」「自分だけで立ち直れるだろうか」などの不安が渦巻いています。

教師は双方の生徒に対し、「その後の相手の子との人間関係はどうですか」「学習や生活に問題はないですか」などと継続的にカウンセリングを続けます。はじめは毎日行いますが、改善するにつれ回数を3日に1度、1週間に1度、月に1度と減らしていきます。

不思議な子どもの世界

「質疑応答」と「討論と参加者の意見表明」は、「法的なものの考え方」の中核となる活動です。

とくに「質疑応答」は話し合いの要で、ここで疑問点や矛盾点を明らかにすることなしに、動機や原因追及はおろか、再発防止もありません。

教師は話し合いがスムーズに進行するように、裁判員に対して手順の確認やシミュレーションなどを実施しますが、いざ本番となると思わぬ問題が発生します。いくつかの事例を紹介しましょう。

「あなたはどうして無視をしたのですか」

「……」

「悪いと思わなかったのですか」

「べつに……」

「(一同)……」

不思議なことに、ここで質問が終わってしまったのです。実はこうしたケースは意外に多く、これでは動機も原因も分からずじまいです。かと思うと、

「あなたは、どうして友だちを叩いたのですか」

「うるせえなあ、そんなことやってねえよ！軽くさわっただけだよ」

「相手の子は痛がっていたよ」

「あいつは少し大げさなんだ」

「本当は強く叩いたのでしょ、正直にいってよ！」

などと右往左往することもあります。

また質疑応答で「それはいじめだ」「それはあなたが悪い」などと意見と結論を述べてしまい、原因や動機が分からずじまいになるケースや争点がぼやけてしまうケースもあります。教師は軌道修正するなど進行の手助けをしたり、事前に裁判員に証人や証拠を準備させて争点を整理するなどアドバイスします。

裁判員制度でも、公判に入る前に裁判官、検察官、弁護人が集まり、証拠や争点を絞り込む「公判前整理手続」が行われます。

一番に驚いたのは、話し合いの途中で逃げ出した生徒です。

「あなたはどうして悪口をいったのですか」

「ほかの子もみんないっている」

「なぜ友だちの教科書を隠したり、破ったりしたのですか」

「……分かりました。謝ればいいのでしょ、謝れば。ゴ、メ、ン、ナ、サ、イ」

と突然席を立って教室を飛び出して、裁判が流れました。

閉廷後に裁判員と相談し、「足の速い裁判員が追いかけて、生徒を席に着かせる」「途中で謝っても、司会者が『このままではだれも納得しません』と話し合いを続ける」などと次回の対応策を検討しました。

加害者を気遣うのは〝クール〟

臨時裁判員は、学級裁判の都度クラス員の中から若干名が選出されます。

その目的は、より多くの生徒が裁判を実践的に体験し、法教育を学習することです。臨時裁判員には、前回の裁判の被害生徒や加害生徒が参加することがあります。同じ苦しみや悲しみを味わった生徒の意見は貴重です。

加害生徒のなかには、だれの声にも頑として耳を貸さない生徒がいます。割れ鍋にとじ蓋ではありませんが、そんな生徒も素直に耳を傾ける天使のような生徒がいます。場合によっては、そうした天使を臨時裁判員に指名することがあります。

また被害生徒が加害生徒を前にして、恐怖で口を閉ざしてしまうことがあります。こうしたときのために、あらかじめ被害生徒の意見を代弁する代弁者を選ぶことがあります。

子ども権利条約には、

このため、児童は、特に、自己に影響を及ぼすあらゆる司法上及び行政上の手続において、国内法の手続規則に合致する方法により直接に又は代理人若しくは適当な団体を通じて聴取される機会を与えられる。（第12条2項）

と適当な代弁者による聴取を認めています。

ある代弁者は被害生徒の横に席をとり、肩をさすったり、手を握り締めて「大丈夫だよ頑張って」と励ましながら、

「○○さんは、『大声で怒鳴られて、とても怖かった。だから何もいえなかった。もっと静かにやさしく話してほしい』といっています」

と被害生徒の意見を代弁しました。まさに子どもの世界ならではの光景です。

どの学校のいじめ防止基本方針にも「いじめは、人間として絶対に許されない」とか「いじめた側が絶対に悪い」などとありますが、それではじめから結論ありきで話し合う必要はありません。

学級裁判で生徒が口にしたいじめは、「被害者も加害者もどっちもどっち」とか「五分五分」、「7割は加害生徒が悪いが、3割は被害生徒もよくない」などでした。

また、たとえ加害生徒に過失があっても、「今回の悪口はきちんと反省してほしい。○○くんは体育の授業でいい声掛けをしているから、友だちを励ますようにするといい」「○○さんは面倒見がいいから、そうした点を他でも出してほしい」などと相手を一方的に攻めるのではなく、友だちを気遣う提案でした。

クールとは、「冷静」や「かっこいい」、「素敵」の意味です。

「どっちもどっち」とか「7割は加害生徒が悪いが、3割は被害生徒もよくない」などは実に冷静な判断ですし、被害生徒の肩をさすったり、加害生徒の長所に目が向けられるのは、人間として実にかっこよくてクールです。

地域で中学生を応援する仕組み

教師の役割に「生徒の反省と地域の連携」があります。生徒が集団生活を送るうえで「きまり（約束）」と「反省（罰則）」は不可欠です。

いじめ防止対策推進法はいじめ加害者に対して、「教室使用の禁止」「所轄警察署への通報・援助」「校長及び教員による懲戒」「出席停止命令」などの厳罰を示しています。

学校教育法の第11条は、「校長及び教員は、教育上必要があると認めるときは、監督庁の定めるところにより、学生、生徒及び児童に懲戒を加えることができる。ただし、体罰を加えることはできない」と定めています。

文科省のサイトには、教師に許される懲戒として「放課後等に教室に残留させる」「授業中、教室内に起立させる」「学習課題や清掃活動を課す」「学校当番を多く割り当てる」「立ち歩きの多い児童生徒を叱って席につかせる」などの例をあげています。

しかし、1980年代の校内暴力期、学校は規律違反をした生徒に厳しい罰則を科し、生徒から総スカンを食らい信頼関係が崩れた苦い経験があります。叱る、怒る、怒鳴るなどの厳罰は、子どもの心に恐怖を植えつけるだけでなく、強い反発を買いかねません。子ども同士の人間関係をも崩壊させ、子どもの更生の機会を奪うことにもなります。

学級裁判では、生徒・先生・保護者の3者で協議し、反省材料として「コース」を準備しました。コースを作成する際の留意点はつぎのことです。

一．見せしめや屈辱的でないもの

一．子どもの権利を保障し、尊厳を守るもの

一．子どもの年齢や発達段階に配慮し、子どもが納得できるもの

一．地域社会が支持し、学校と連携できるもの

「美化コース」は学校や地域の美化活動や教室清掃、「ボランティア・コース」は地域のボランティア活動への参加、「チルドレン・コース」は保育園児や幼稚園児のお世話、「ヒヤリング・コース」は日頃話すことのないＰＴＡ役員や校長先生との会話、「スタディ・コース」は課題図書の読書や放課後学習です。

学校は学級活動が始まる前に生徒に対し、「どのような決まりがあって、違反した場合にはどのような反省（コースの選択など）があるか」を説明します。中学1年のA子さんはクラスの約束に違反し、反省として「チルドレン・コース」を選択しました。「チルドレン・コースはおもしろかったし、いろいろと勉強になりました。私は小さい子が好きだし、将来は保育士さんになってみたいと思っています。保育園の先生を見ていて、小さい子は、よくできたことは褒めてかわいがり、悪いことは悪いと注意

〈コースと内容〉

コース	内容
美化	学校の美化活動や教室の清掃など
ボランティア	地域の美化活動やボランティア活動など
チルドレン	保育園や幼稚園で園児のお世話などのお手伝い
ヒヤリング	PTA役員や校長先生などとの会話
スタディ	課題図書の読書と感想文など

することを学びました。ただあまやかすだけでなく、悪いといって覚えさせることは、とても大変だけど大切でやりがいのある仕事だということが分かり、ますます保育士さんになりたいと思いました。小さい子はとてもかわいくて、本を読んであげたり、だっこしてあげるとニコニコと笑ってくれて嬉しかったです。時間がたつのが早く感じられて、もっと一緒に遊びたいと思ったほど楽しかったです。とてもいい経験ができたと思います。これからは、決められたことは守りたいです」。

訪問した園の園長さんは、「今日は本当にご苦労様。A子ちゃんは、保育士さんになるのが夢だったわね。きっと子どもから好かれる先生になれるよ。しっかり勉強していい保育士さんになれるように頑張ってね」などと応援してくれました。

反省の場は、けっして学校だけではありません。公園の清掃、交通当番、被災地域の復興ボランティア、お年寄りの介護のお手伝いなど、地域社会には子どもを見守っている人たちがいます。

反省は生徒自身が決める

学級裁判では、裁判員が生徒に罰を与えることはありません。生徒が自分自身で反省内容を決めます。

子どものなかには過ちを軽く済ませようとしたり、逆に贖罪《しょくざい》意識から過重な責任をとろうとする子どもがいます。反省は、その行為に見合ったものでなくてはなりません。ここでは、「掃除をサボった生徒」を例に学級裁判での反省決定までのプロセスを紹介します。

反省の評議

反省の評議は、クラス員の意見を反省に反映させる仕組みです。係や当番活動をサボっておいて「ごめんなさい」だけで済ませても、クラス員は納得しません。

学級裁判が結審（和解）すると、つぎに裁判長は反省の仕方について参加者の意見を求めます。参加者は掃除をサボった生徒に対し、「ごめんなさいだけではクラス員は納得しない」「サボったぶんだけ放課後に教室掃除をしたらいい」「もう謝ったから、これで終わりにしていい」などと意見を述べます。反省の評議は、ここまでです。

反省内容の選択

つぎに学級裁判閉廷後、反省の評議で出された意見を参考に掃除をサボった生徒と先生（担任）が具体的な反省の仕方（中身や方法）について話し合います。ここで大切なことは、「事件の重大性やその回数と比較して、バランスがとれているか」「子どもの能力や発達段階に見合ったものか」などです。

たとえば、こんな具合です。

「ぼくは放課後に2日間、教室掃除をします」

「きみは1週間も掃除をサボったのだろ、たった2日ではだれも納得しないよ」

「うーん、それなら5日間はどうかな」

「それならみんな納得するだろう」

教師は生徒にものごとの道理を伝えます。5日間の掃除が終わると生徒自ら先生に報告し、先生は学級裁判員とクラス員に報告します。

「公開」と「非公開」

「公開・非公開の評議」は、学級裁判で話し合われた内容をクラス員に「公開するか」「非公開にするか」を話し合う仕組みで、これも学級裁判の結審（和解）の後に評議します。

担任は学級でいじめが発生すると、プライバシーの保護などを理由にいじめを隠そうとします。たしかに個人のプライバシーは守られねばなりませんが、クラスのいじめに関しては少し話が違います。

小さな教室で起きたいじめは、クラス員はだれもが知っており、知らぬは教師だけです。いじめは、隠そうと思っても隠しきれるものではありません。やがて尾ひれがついてデマとなって拡散することもあります。クラス員に正しい情報（和解と反省）を知らせることは重要です。

ある加害生徒は、「今日の話し合いできちんと仲直りし、反省することができたから、結果をクラスの子に話してもいい。その方が自分も気をつけるし、クラスの子も声をかけてくれる」と公開に賛成しました。

もちろん被害生徒が非公開を希望すれば、「非公開」です。なかには、「気持ちが落ち着いたら知らせる」とか「心配している友だちにだけ自分で知らせる」などの条件をつける生徒もいました。

公開が決まると、学級裁判員はホームルームなどで、「昨日の学級裁判で、ふたりは仲直りしました。加害生徒は自分の行為をきちんと反省しました。みんなも応援してください」などとクラス員に知らせます。

過ちを犯した子どもに対し、「もう、二度とやってはいけない」などと迫る先生がいます。コルチャックは、過ちを犯した子どもが「もう二度と同じ過ちはしません」と答えると、「そんなことをいってはいけない。そんなことは出来るはずがないのだから、今週は一回か二回、それか三回しか乱暴な口はききません、といわなくてはならない」と諭しました。

人は失敗を避けることはできません。過度に子どもの過ちを責めることは、子どもを萎縮させかねません。子どもが十分に納得しないままに罰則を科すことは、子どもが「私は悪いことをしたダメな子だ」と自尊心を失うことに繋がります。

子どもが勝利主義の犠牲になっている

Aくんはタカシくんに、「俺は空手をやっている。はむかうと分かっとるな」と脅しました。この言葉はタカシくんの心を折りました。にもかかわらず第三者委員会の報告書には、この事件についての記録が見当たりません。

2022年度、日本体育協会は暴力パワハラ問題の相談件数が過去最多の373件に上ったことを発表しました。内容は、人格を否定するような暴言が増加傾向で34％ともっとも多く、体罰などの暴力が13％でした。

ここで気になるのは、被害者の41％が小学生で、6割以上は小中高校生の子どもたちが占めている点です。このことは、子どもたちが一部の指導者の勝利主義の犠牲になっていることを意味します。

2013年に、日本体育協会や日本中学校体育連盟などの5団体が開催した「スポーツ界における暴力行為根絶に向けた集い」において「暴力行為根絶宣言」を採択しました。

スポーツは人類が生み出した貴重な文化とし提言、「殴る、蹴る、突き飛ばすなどの身体的制裁、言葉や態度による人格の否定、脅迫、威圧、いじめや嫌がらせ、さらに、セクシュアルハラスメントなど」の暴力行為は、スポーツのあらゆる場から根絶されなければならないと宣言しました。

とりわけ指導者に対しては、「暴力行為が人権の侵害であること」「暴力行為が指導における必要悪という誤った考えを捨て去ること」などと提言しました。

Aくんの言動は、個人の問題ではなくスポーツ界全体で考えねばならない問題です。学校は部活指導者やスポーツ関係団体と連携をとり合い、暴言・暴力の根絶に努力しなければなりません。

終章 たがいに支え合う中学生たち

―友だちを思いやる心―

自分に嫌気がさした女子生徒

本章は、学級裁判の4つの事例を紹介します。

中学1年生のK子さんは、小学校から登校と不登校を何度も繰り返してきました。性格はまじめで几帳面、学校のきまりや自分でやろうと決めたことは最後まで諦めない性格です。宿題や提出物などは忘れたことがなく、夜遅くまで目を真っ赤にしながら机に向かうこともありました。

教室できまりを守らないクラス員に対し、「それはきちんと守らないとダメだよ、先生にいうよ」などと口にしていたために、周囲からは煙たがられていました。K子さんは、ときどきそんな自分に嫌気がさすこともありました。

いっぽう加害者となったEくんは、小中連絡会議でもまったくノーマークで、ある先生は「ほんとうにあの子がそんなことをしたの」と驚きました。

ことの発端は、ふたりが同じ掃除当番になったときです。

掃除場所の特別教室は教室よりも広く、いろいろな備品がところせましと並べられていました。掃除時間は15分で「今日はここまで、明日はここ」と配分を決めなければばとても時間内に掃除は終わりません。そのために美化委員は事前に「今日はごみ捨てと床拭きをお願いします」とK子さんたち4人の掃除当番に伝えました。

普通ならば、これで掃除は時間内に終わりますが、K子さんは人一倍丁寧に取り組み、友だちが「K子さん、早く早く、もう時間よ！」と急《せ》かされることが何度もありました。先生からも、「この班は遅刻が多い」と注意されたこともありました。

次第にEくんはK子さんに対し、「のろま」とか「いつまでやっているの、バッカじゃないの」などと口にするようになり、教室でも「普通こんな問題を間違えるか」「死ね」などと悪口はエスカレートしていきました。

その日、K子さんは学級裁判所の悩みアンケートに「Eくんに悪口をいわれる」と書くと、つぎの日、教室から姿を消しました。

家庭に電話を入れると母親が、「娘は部屋にこもって泣いています。もうだれにも会いたくない、学校には行かないといっています。先生が家庭訪問してもおそらく娘は会わないでしょう」と詰まるような声で話されました。

当初、私は学級裁判の話し合いが、逆にK子さんをさらに傷つけ、追い詰めることになりはしないかと懸念するいっぽうで、K子さんが自分の性格を見つめ直し、成長するチャンスになるのではないかとも考えました。

学級裁判員にそんな思いを伝えると、諸注意で「クラス員を傷つけるような言葉はいわない」と再確認することと、Eくんが興奮して乱暴しないように、Eくんの席の横に男子裁判員が座るなどの対応を決めました。

また、K子さんが途中で泣き出したり、口を閉じてしまうことも十分に考えられます。そんなときにK子さんの意見を代弁するよう女子裁判員をK子さんの席の横に配置しました。これが後の学級裁判にも継承され、代弁者の選出へと繋がりました。

Eくんの聞き取り調査は男子裁判員が担当しましたが、問題はK子さんです。部屋に閉じこもったK子さんが、はたして調査に応じてくれるのか危惧しました。

聞き取り調査による情報収集は、学級裁判の行方を左右する重要な活動です。たしかな情報が得られなければ、満足いく話し合いは不可能ですし、動機や原因に辿《たど》り着くことはありません。

しかし、聞き取り調査を担当したふたりの女子裁判員は「先生、K子さんに会って、話を聞いてきました」と報告にきました。

何のことはありません。ふたりはK子さんの自宅に直接出向いて、玄関をノックしたら本人が直ぐに顔を出したのです。

「これまで先生たちが何度訪問してもダメだったのに、クラス員ならば大丈夫なのか。これが子どもの世界なのか」

と妙に感心しました。

その日の放課後の教室、正面に裁判長と書記、片側にK子さんと女子裁判員、その向かいにEくんと男子裁判員、すこし離れたところに担任が着席しました。当時は、保護者の参加はまだ行っていません。

男子裁判長が学級裁判の開始を宣言し、「今日の話し合いはどうして問題が起きたのか、どうしたら友だちの悩みを解決できるのか、どうしたら同じような問題を繰り返さないようにできるのかを考えます。積極的に意見を述べてください」「くれぐれもクラス員を傷つけるような乱暴な言葉はいわないように」と目的と諸注意を告げました。

K子さんとEくんは起立して、「わたしはけっしてウソはいいません。勇気を出して本当のことをいいます」と宣誓し、話し合いがスタートしました。

質疑応答は事前シミュレーションの効果もあり、Eくんの動機やK子さんの心情にまで迫るものでした。

「Eくんは、本当に死ねとかいったのですか」

「どうしてそんなことをいったのですか」

「自分がそんなことをいわれたらどんな気持ちになりますか」

「K子さんの気持ちを考えなかったのですか」

などと質問は続きました。

なかには普段のEくんから、かれの暴言に驚きを隠せない裁判員もいました。Eくんは消沈し、言葉を詰まらせました。

裁判員たちはK子さんに対しても、「どうして今まで黙っていたのですか」とか「どうしてだれかに相談しなかったのですか」などと質問を投げかけました。

最後に、裁判員一人ひとりが最終意見を述べました。

Eくんに対しては、「今回のことはよくないと思う、きちんと反省してほしい。Eくんは体育の授業では友だちにきちんと声をかけているから、K子さんにもやさしく声をかけたらいい」などと、反省を求めるだけでなく、Eくんのいい点を評価し気づかうものでした。

K子さんに対しては、「K子さんはとてもまじめで丁寧に仕事をする。私は『すごいなあっ』と尊敬しています。でも提出物が遅れたり、掃除から戻るのが遅れることもある。そこは直した方がいい」「K子さんはまじめでいいけど、何かいわれるとすぐに泣いたり、口を閉じたりする。自分の意見は最後までしっかりといって欲しい」などと意見しました。

この発言は重要です。裁判員も含めてクラス員の多くが、口には出さないものの「K子さんはすぐに泣く」「いつもめそめそしている」と感じていたのです。

裁判長が和解を提案すると、Eくんは起立してK子さんの前まで歩み、「ごめんなさい」と謝罪しました。周りからは自然と拍手が起きました。裁判閉廷後、K子さんは自分の思いを作文に綴りました。

「私は毎日毎時間、Eくんの言葉の暴力でいつも悩まされていました。『バッカじゃないの』『普通こんな問題を間違えるか』『死ね』など、傷つくことを言われてきました。ときどき学校に行きたくないと思いました。そんな気持ちを悩みアンケートに書きました。そしたら裁判員さんたちが、私の悩みを解決するために真剣に呼びかけてくれました。Eくんはとても反省して、私に謝ってくれました。心の中がなんだかスーッとしました。問題が解決してから、私はとても元気になりました。不思議なことに胸の痛みや吐き気もすっかりなくなって、今は気分そうかいです。私は今度のことでとても勉強をしました。少しきついことを言われたぐらいで、傷ついてはダメだと思いました。もっと心を強く持って、そんなことぐらいははね返せる人間になりたいです」

その後、掃除当番のトラブルはなくなりました。

わが子に騙《だま》されたいじめ加害生徒の母親

つぎは、学級裁判に参加した保護者の事例です。

中学校2年生のDくんの身長は、180センチはあります。言葉遣いも少し乱暴になり、ときに母親といい合いになることもありますが、母親は思春期の中学生ならと看過していました。

Dくんが「今度、部活でスポーツシューズを揃えると顧問や先輩にいわれた」と指さしたカタログには数万円の値札がついていました。母親は数千円程度と思っていただけに「中学生にはちょっと高すぎる」と思いましたが、「みんなこれを履いている」と押し切られました。

また、Dくんの体操着を洗濯していたとき、ほかの子の名前が入ったタオルがありました。Dくんにたずねると、友だちに借りたタオルで返すのを忘れていたと返答したために、母親はすぐに返すよう伝え、丁寧に折りたたんで袋に入れておきました。

ある日、担任から「Dくんと友だちの間でトラブルがあり、今度、その件で話し合いを持つから参加してほしい」と連絡が入りました。

その日、教室にはDくんと相手のFくんが向かい合って着席し、ロの字に並べられた机には数名のクラス員がふたりを囲んでいました。母親は少し戸惑いましたが、少し離れた場所に席をとり、事の成り行きを見守ることにしました。

司会者の生徒が、「これからFくんの悩み相談について話し合いを持ちます。どうしたら悩みが解決するか、みんなで考えましょう。今日はDくんとFくんのお母さんが出席されています」と母親の方に目を移しました。Dくんの母親は一礼し、隣のFくんの母親にも頭を軽く下げました。Fくんへの調査結果の報告に、Dくんの母親は青ざめました。

「Fくんに聞き取り調査した結果を報告します。部活の時間、いつもDくんがパス練習でボールをキャッチできないとバカとか下手とか怒鳴ってくる。他の部員には普通にパス練習をしているのに、Fくんにはおもいきり顔面をねらったり、手の届かないボールを力いっぱいで投げてくる。それにDくんは人のものを勝手に使う。この前もFくんのカバンから、無断でタオルを取り出して汗を拭いていた。Fくんが人のものを勝手に使うなといっても、Dくんは笑っていた。今になってもタオルを返してくれない。以上報告します」

質疑応答では、「Dくんは本当にバカとか下手とかいったのですか」「どうしてそんなことをいうのですか」「タオルはどうして返さないのですか、今、どこにあるのですか」などの質問が出ました。

しかし、Dくんの回答はあやふやで、とてもクラス員を納得させるものではありませんでした。とくにタオルの件について、同じ部活の生徒が「Dくんからこのタオル、使っていいよといわれたので、今は僕が使っています。Fくんの名前についていては、本人の承諾を得ていると伝えられ、無断だとは知らず使っていました。Fくんには、洗濯して返します。ごめんなさい」と証言しました。

「それって泥棒じゃないの、友だちに返したってウソだったの、息子に騙されたの」

話し合いの終了後にDくんの母親は、「いつもはわが子の言い分しか聞けず、果たして信じてよいものか迷うときがありました。今回、相手のお子さんやほかの生徒さんたちの意見を聞いて、何が事実なのかよく分かりました。やはり、両方の意見を聞かなければいけないと思いました。相手のご家庭にはあらためて息子といっしょに謝罪に行き、タオル代はきちんと弁償させてもらいます」

と反省の弁を語りました。

激怒したいじめ被害生徒の父親

中学2年生の女子生徒のG子さんは、成績も優秀で思いやりがあり、だれとでも分け隔てなく接することができます。

両親にとってG子さんは自慢のひとり娘で、とくに父親は目に入れても痛くないほどに溺愛していました。家族で誕生日会を開いたり、定期テストの結果がいいとお小遣いやプレゼントを与えました。

そんなある日、「G子さんから悩み相談があり、その件で相手の生徒を交えて話し合いを持ちたいので参加してほしい」と学校から連絡が入りました。

父親がG子さんに話を聞くと、同じクラスの女子生徒から、エンピツの芯を折られるとか消しゴムを細かく砕かれる、ノートや教科書を破られるなどされたと口にしました。

「これは悪質ないじめではないか」

父親は驚き、なのにどうして被害者である娘の保護者が学校に呼び出されなくてはならないのかとはらわたが煮えくり返りました。

その日、父親は会社を早退し、母親と共に学校に足を運びました。

教室には、ハンカチを口にあてた娘のG子さんが着席していました。母親が小さく手をふると、G子さんは少し笑顔になりましたが、直ぐに緊張した顔に戻りました。

正面には、相手の女子生徒が着席していました。

「あの小さな女の子が、娘をいじめた生徒なのか」と父親は思わず目を疑いました。

父親は髪の毛を染めたやんちゃな生徒を想像しており、意外な姿に少し拍子抜けしました。父親の横にはすでに相手の女子生徒の母親が着席しており、頭を下げましたが「この母親が加害者の母親か、いったい家でどんな教育をしているのか」と怒りと憎しみがわいてきました。

司会者の生徒が、会の目的と注意事項を知らせ、話し合いが始まりました。

質問の多くは、どうしてそんなことをしたのかと女子生徒に向けられました。そして、女子生徒の言葉に父親は驚きました。

「私とG子さんは同じ班で、班長のG子さんはとても優しくて、私が勉強で分からないところや困ったことがあるといつも丁寧に教えてくれます。私はとても感謝しています。私はお父さんがいません。ですから仕事で母の帰宅が遅いときは、弟の面倒を見ています。私は勉強が苦手ですが、今度の定期テストは平均点以上を絶対にとって母を喜ばせたいと誓いました。母も、私を励ましてくれました。結果は、平均点をほんの少しだけど超えました。私はとても嬉しくて、はやく母に報告したいと思いました。でも、隣の席のG子さんは平均点よりずっといいのに、『こんな点数じゃ、親に見せられない』と定期テストをくしゃくしゃにしてカバンの奥に押し込みました。私は、何だかとてもイヤな気分になりました。それからG子さんのエンピツの芯を折ったり、ノートや教科書を破いたりしました。そのときはG子さんの気持ちなど考えませんでした。いまは、とても悪いことをしたととても反省しています。ごめんなさい」と、目にいっぱいの涙をためて謝罪しました。

裁判長が謝罪と和解を提案すると、女子生徒は目に涙をためて、あらためて「ごめんなさい」と深く頭を下げました。G子さんは、「いいよ、私の方こそ嫌な思いをさせてごめんね」と手を差し出し、和解しました。

学級裁判では、オブザーバーの発言は許されていません。G子さんの父親は閉会後に面談会を希望し、つぎのように語りました。

「はじめは、学校から呼び出されてムカッとしました。相手の生徒を見るまでは、いかめしい感じの中学生を想像していましたが、実際にこの目で見た生徒はどこにでもいる普通の中学生で正直、少し拍子抜けしました。生徒たちの話を聞いて、自分の子育てに反省する点があると気づかされました。相手の生徒さんの行為は許されるものではありませんが、その原因はわたしたちの子育てにあります。もし私が女子生徒の立場なら、同じようにエンピツを折るようなことをしたかもしれません。先生には失礼な態度をとり申し訳ありませんでした。今日は、本当に勉強をしました」

保護者は「参加」することで、自分たちの子育ての良し悪しが見えてきます。保護者にとって、相手生徒や相手の保護者、生徒の意見や表情や容姿などすべてが貴重な情報です。

保護者は蚊帳《かや》の外

校内暴力期、保護者は「学校には子どもが人質にとられている。だから、学校や先生にいいたいことがあっても、何ひとついえない」と口にしました。今では逆に先生が「親に何といわれるか分からない」と愚痴をこぼし、そこまで保護者に気をつかわなくてはいけないのかと案ずるほど過敏になっています。

「保護者との連携」は、学校のいじめ防止基本方針の頻出用語です。

【保護者との連携】

いじめの事実が確認された際には、いじめた側、いじめを受けた側ともに保護者への報告を行い、謝罪の指導を親身になって行う。その指導の中で、いじめた側の児童にいじめが許されないことを自覚させるとともに、いじめを受けた児童やその保護者の思いを受け止め、いじめる児童自身が自らの行為を十分に反省する指導を大切にする。いじめの問題がこじれたりすることがないよう、保護者の理解や協力を十分に得ながら指導に当たり、児童の今後に向けて一緒になって取り組んでいこうとする前向きな協力関係を築くことを大切にする。

これはタカシくんの通った小学校のいじめ防止基本方針の「保護者との連携」ですが、中学校のそれも「児童」を「生徒」に置き換えただけでまったく同じ内容です。

そこには、学校による「謝罪の指導」「いじめる児童自身が自らの行為を十分に反省する指導」「問題がこじれたりすることがないような指導」とやたら指導の文字が並んでいますが、これではとても「連携」といえるものではありません。

学校では、いじめ解決の場に保護者が立ち会うことは許されていません。保護者に連絡が入るのは、学校の対応（指導）がすべて終わってからです。

保護者は子どもが先生からどんなことを聞かれ、どんな話をされたのか分かりません。相手の子どもはどんな子どもでどんな様子だったのか、そのときのわが子の顔色、声の調子、態度はどうだったのかなど、何ひとつ知り得ません。

学校はいじめに関係した保護者が面接を希望しても、「親と親の衝突を避けるための教育的配慮」といって決して合わせようとしません。これでは相手の気持ちも分かりませんし、「学校は、何か隠しごとでもあるのだろうか」などと不信感が募るだけです。

いじめ防止対策推進法の第9条は保護者の責務を定めています。

保護者は、子の教育について第一義的責任を有するものであって、その保護する児童等がいじめを行うことのないよう、当該児童等に対し、規範意識を養うための指導その他の必要な指導を行うよう努めるものとする。

現在の仕組みでは、保護者は責務を果たせません。

平成10年、かつて私の勤務した中学校で、１００名の保護者に向けて「あなたは、だれがいじめを解決したらいいと思いますか」とアンケートしました。

結果、悪口やからかいなど程度の軽いいじめは、「生徒・先生・保護者の3者で解決」が53％、「生徒と先生で解決する」が36％、その他が11％でした。

叩くや蹴るといった暴力行為や程度の重いいじめは、「生徒・先生・保護者の3者で解決」が88％でその他が12％でした。何と約9割の保護者がいっしょに解決することを望んでいました。現在ならば、その数値はもっと跳ね上がるでしょう。

タカシくんの母親は、必死で校長や教育委員会に訴えましたが、その陰で「あの母

図４　平成10年岐阜県公立中学校の保護者アンケート
「いじめはだれが解決したらいいと思うか?」保護者の声

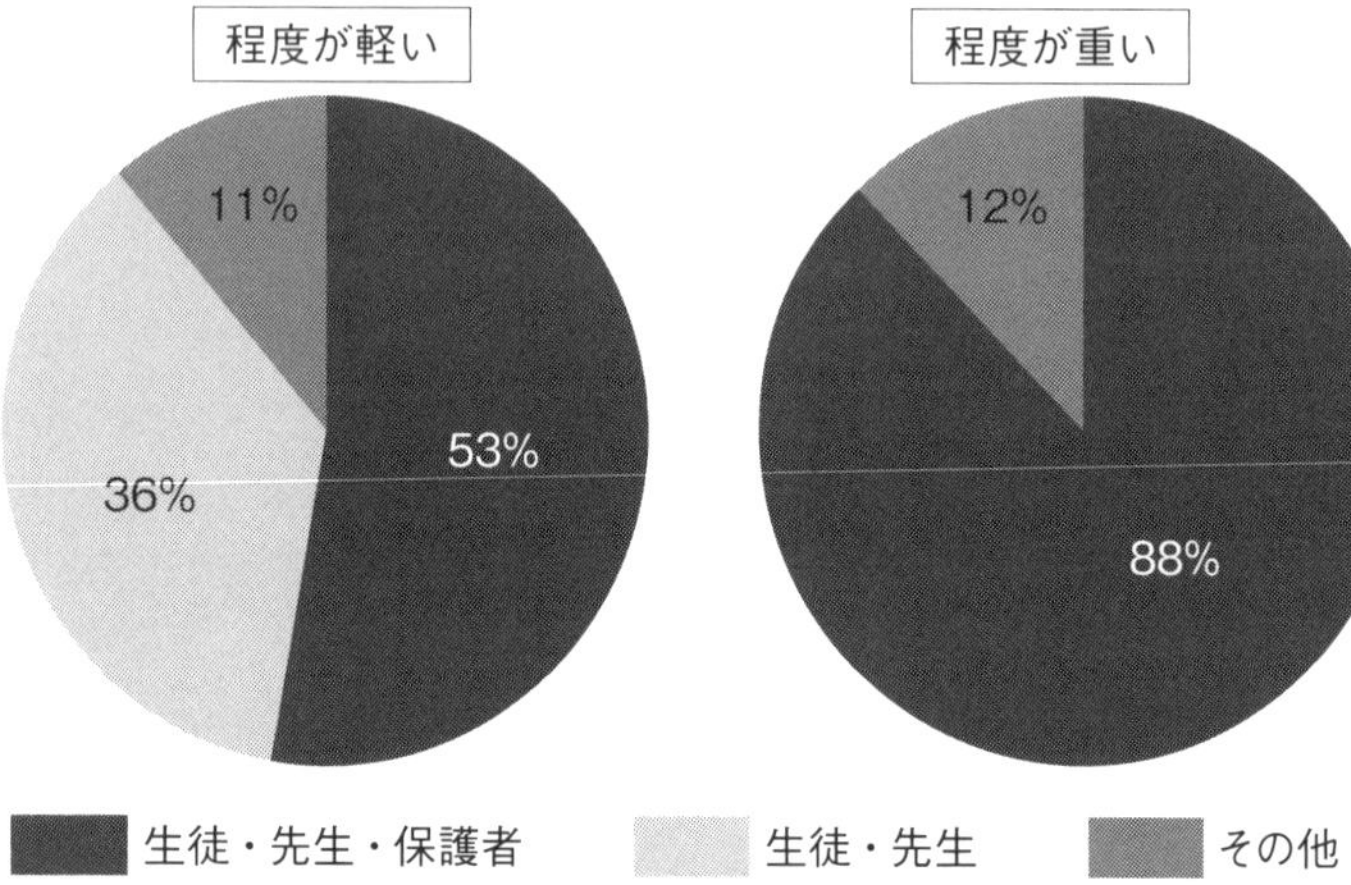

親はモンスターだ」「ああいう家庭だから子どもが不登校になる」などと、いわれない仕打ちを受けました。

　しかし、自分の子どもがタカシくんのように突然に「学校に行きたくない」とか「死にたい」などと口にしたらどうでしょうか。わが子がいじめの被害にあったらどう行動するでしょうか。逆にいじめの加害者になったらどうするでしょうか。自分の子どもはそうならないと、だれが断言できるのでしょうか。

2年間の不登校

紹介する事例は、2年間不登校だった女子生徒です。

多くの学校はクラスで不登校が発生すると担任はクラス員に対し、「○○さんは体調がすぐれずに休んでいます。このことは知らない人に話さないように」などと箝口令を敷きます。

さらに不登校が長期化すると、転校を呼びかけたり、メッセージカードを作成するなどします。しかしタカシくんのケースでも分かるように、上手くはいかず、最後は投げ出してしまいました。これは決して特別なケースではありません。

不登校生徒が何に不安を感じ、どのような要望なり要求を持っているかといった情報を収集することを素通りした、子どもの声を聞かない不登校対応は危険です。

本実践例は、学級裁判所が不登校生徒の要望をくみとり、学級活動に反映して登校を実現しました。

中学3年女子生徒のE子さんは真面目で几帳面な性格、そんな生徒が中学1年生の夏休み明けから不登校になりました。だれも原因が思い当たらず、学級担任や学年主任等が何度も家庭訪問を繰り返したり、メッセージカードを送るなどしました。

しかし、E子さんの不登校は続き、学校のどの先生が家庭訪問しても会うことを拒絶しました。そして、E子さんは一度も登校することなく3年生に進級しました。当時、E子さんは家族に「いまの学校でみんなといっしょに卒業がしたい」と語っていました。

3年生のクラスは学級活動に、学級裁判の仕組みを取り入れていました。学級裁判所の悩みアンケートに匿名で、「E子さんが学校に来ていない。とても心配」と相談が舞い込みました。

でも、どうやってE子さんに聞き取り調査していいのか分かりません。いろいろと調べると、E子さんと同じ部活の女子生徒が、E子さんと連絡を取り合っていることが分かりました。裁判員は女子生徒にE子さんと会いたい旨を伝えると、数日後、女子生徒からE子さんが学校近くの堤防でならば会ってもいいといっているとの連絡が入りました。

その日、4人の裁判員は、E子さんと堤防で会いました。なかには初対面の裁判員もいましたが、そこは中学生です。すぐに打ち解けました。E子さんは裁判員たちに、「クラス員からどんな目で見られるか」「勉強など、みんなについていけるか」「高校に進学できるか」、さらに「登校したときに、教室でジロジロと見られるとかヒソヒソ話をされないか」「知らない人から話しかけられないか」「席は窓際で後ろの方がいい」などと不安と要望を語りました。

数日後、裁判員たちはE子さんの思いをまとめ、学級会で提案しました。

「Eさんが教室に入っても、ジロジロと見たり、話しかけたりヒソヒソ話をしないでください」

「チラッと見てもダメですか」

「どうしても見てしまったらどうするの」

「おはようと話しかけてもダメですか。それって無視するということ」

「E子さんは2年ぶりに登校したのに、親睦会と歓迎会とか何もしなくていいの」

「学習プリントとか連絡帳を配るときはどうするの」

クラス員の質問に対して裁判員は、E子さんは自分一人だけ特別あつかいされるのではなく、みんなと同じように接して欲しいと希望していることを伝えると、クラス員は納得しました。

先生たちはE子さんの学習支援と配慮、高校進学のガイダンスなどを特別に準備しました。

その日、E子さんはクリーニングに出してあった制服を着用し、教室の扉を開けました。クラス員のだれひとりとしてE子さんをジロジロ見たり、近づいて話しかける生徒はいませんでした。E子さんは、学級執行部が決めた窓際の席に静かに座り、カバンから教科書を取り出しました。Eさんは卒業まで一度も欠席することなく多くの友だちをつくり、「卒業」と題した作文を残し希望の高校へ進学していきました。

「もうすぐ私は中学校を卒業します。卒業間近で私が思うことは、もう友達と同じ学校でなくなるというさみしさです。小学校から中学校へ入学するときは、『仲のいい子と一緒のクラスがいいなー』と思っていました。でも、これからは皆学校もバラバラになります。一生会えないわけじゃないけど、とてもさみしいです。高校へ行ったら、いい友達ができるかどうかとても不安です。だけど、これから行く高校は私が決めた進路です。このさみしさや不安をのりこえることができたら、とても楽しい高校生活が待っていると思います。私は今、自分の道を進んでいます。その道を進むうえで友達は、大きな心の支えになってくれるはずです。私は今まで出会った友達も、これから出会う友達も大切にしていきたいと思います」

クラス員はE子さんの声に耳を傾け、2年ぶりの登校を実現しました。

クラス員に訴えられた担任

最後に紹介するのは、担任がクラス員から訴えられた事例です。

この事例は、先生に理解されないことへの生徒の「怒り」や「無念さ」が伝わってくるものでした。また私自身が校内人事で担任をはずされ、アドバイザーになったことで実現した忘れられない事例です。

その日、回収したM子さんの悩みアンケートには、担任のT先生に対する不満が細かく綴られていました。私は、その内容に目を疑ってしまいました。

M子さんは帰国子女で、両親は数年前にブラジルから転居してきました。大柄なM子さんは、活発で明るい性格でだれに対しても物怖じせずに意見します。友だちの面倒見がよくて、いわゆる姉御肌の生徒です。

でも、クラス員の一部からは、ずけずけとものをいい過ぎるなど否定的な意見もあり、評価は分かれていました。そのためでしょうか、リーダー選挙でM子さんはいつも落選していました。

いっぽうのT先生は40歳の中堅男性教師、2年生の学級担任と特別活動部長、部活顧問を兼務しています。もの静かで落ち着いたものいいは保護者からの評判もよく、管理職からも高く評価されていました。

どうしてそんな先生がクラス員から訴えられるのか、何かの間違いではないかと目を疑いました。そんなT先生に参加を打診することに躊躇しましたが、話し合いの末にT先生は「生徒が苦しんでいるならば」と承諾してくれました。

今回、注目したのは「どうして、評判のいいT先生が訴えられることになったのか」、そして「学級裁判でM子さんの評価がどう変わるのか」です。

先述したとおり、当時の私は数年前から花壇の草むしりをしていましたが、T先生たち学年の先生の理解と了解を得て、2学年の4クラスのアドバイザーとして、学級活動の助言役を任されていました。それまで生徒は担任にいいたいことがあってもハードルが高かったのですが、間に私が入ったことでワンクッション置くことができたようです。

放課後の特別教室、ロの字に並べられた机の中央には雰囲気を和ませるために生徒の提案で花が飾られました。

しかし、参加した生徒はだれもが緊張し、なかにはT先生から目をそらしてうつむいている裁判員もいました。T先生の正面に着席したM子さんだけは、キッと先生を睨みつけていました。

質疑応答は、M子さんが最初に「ハイ」と手を挙げました。

「私たちが、掃除から戻るのが遅れたとき、先生は理由を聞かずに『もうとっくに掃除時間を過ぎている。何をやっていたんだ、時間厳守！』と注意しました。それに下校で教室の窓を閉めて帰ったら、先生は『昨日、教室の窓を閉め忘れていたぞ、当番はきちんと確認したのか』と注意しました」

とすごい怒気を帯びた形相で発言すると、

「でも、時間厳守はクラスの約束だ。それに生徒会の生活委員から、『このクラスの教室の窓が開いていました。戸締まりをお願いします』と連絡がはいった」と落ち着いた声でT先生。

「あのとき外掃除の先生に終わり掛けに『今日はゴミも捨てておくように』といわ

れ、大きなゴミ袋を廃棄場まで運んでいたから遅れたんです。それに窓はきちんと閉めました。先生は何でも勝手に決めつけます。命令調で自分の意見を押し通します、やめてください」とさらに声を荒げてM子さん。

「掃除のことは分かったけど、教室の窓は閉めたつもりで、うっかりと閉め忘れもある」とT先生も譲りません。

「先生は私のいうことを信じないの、すごく傷ついた！」

とM子さんは金切声をあげました。

そのとき女子裁判長が、「今日は、生活委員が証人として参加してくれました。生活委員はそのときの下校の様子を教えてください」と発言を求めました。

生活委員は、「あのとき一度目に教室を確認したら窓はきちんと閉まっていました。その後、部活を終わった男子生徒が入ってきて、暑い、暑いといって窓を開けたことを覚えています」と発言しました。

どうもM子さんに軍配が上がったようです。参加者がそれぞれ意見を述べ、最後にT先生が発言しました。

「今日はありがとう。みんな勇気を出して発言してくれたね。本当に貴重な意見ばかりでした。先生は40歳で染みついたものがあるから、急にはコロリと変われないかもしれないけど、いい先生になるように少しずつ努力します。みんなのいろいろな意見が聞けてよかったです。本当にありがとう」

M子さんは大きくうなずくと、参加者のだれもがやっと笑顔になりました。学級裁判終了後、女子裁判長がこの日のことを作文にしました。

「最初は、先生に意見するのは抵抗がありました。だけど、いわなければ解決しないとすごく複雑な気持ちでした。そんなとき、ひとりの女の子が意見をいいました。やはり、みんなで楽しい学校生活を送るためには、だれかが意見をいわなければはじまりません。とても勇気があると思いました。先生の行動や言葉づかいに対して、たくさんの意見が出ました。話し合いの中で、生徒も先生も、両方が傷ついていたことがわかりました。両方の意見を聞くことで、自分の見えないことに気づき、そして自分を変えることができます。先生の意見だけでなく、生徒の意見があってこそ、問題が解決できるのだと思いました。解決の近道は、生徒が意見をいうことだと思いました」

先生を一番近くで見ているのは、教室の生徒たちです。

その生徒の声に耳を傾けることなくして、いじめや不登校の解決はもちろんのこと、先生の意識改革などあり得ません。M子さんの評価は変わり、クラス員から信頼を得て班長に推薦されました。また、私自身がこれまで教職員だけの情報で、勝手にT先生像をつくっていたことを深く反省しました。

学級裁判所は先生の守護神

先生にとって、生徒に裁かれることの意味は何でしょうか。

私自身が授業中に騒いでいた生徒を注意して、逆に生徒から「怖い」と訴えられたことがあります。学級裁判員が聞き取り調査にやってきたとき、「悪いのはどっちだ」と少なからず狼狽し、プライドが傷つけられました。

しかし学級裁判について、つぎのことは自信を持って断言できます。

第一は、生徒と先生の距離が格段に近づきます。それまでろくにあいさつもしなかった生徒が笑顔で「先生、おはようございます」とあいさつしたり、言葉遣いが丁寧になったりします。

「学級裁判の風景」先生と話し合う生徒
―岐阜県大垣市S中学校―

第二は、自分の活動を見直し、反省する機会になります。

教師が「あのときは、少し感情的になり過ぎたかな」とか「今日の授業は少し説明不足だったかな」などと思い悩むことは一度や二度ではありません。

悩みアンケートは教員も参加でき、「クラス員はどう思っているのか気になります」「このごろクラスが騒がしい」「○○くんが、体育の時間に元気がない」などと書きこむことで、直ぐに調査が始まり生徒の様子を知ることができます。

実際に先生たちからは、「授業で発

表する子がいつも限られている」「提出物を出さない子がいる。あつまりが悪い」などの相談が寄せられました。

第三は、安心・安全な教員人生の実現です。

大津市いじめ自殺事件では、関係した教師は裁判所や教育委員会から何度も呼び出され、懲戒処分を受けました。警察や第三者委員会からも何度も取り調べを受けています。

しかし学級裁判はわずか一度のことですし、時間もわずか1時間程度です。もちろん懲戒処分もありません。学級裁判所は、まさに先生の守護神です。

いじめを解決する最善かつ最短な方法

学級裁判に参加した生徒の感想を紹介します。

中学2年生の女子生徒は、「はじめ、自分でいじめを解決するなんて絶対に無理だと思いました。クラスで悩んでいる友だちの問題を私たちの力で解決するなんて、とてもできないと考えていました。でも、いろいろ活動していくうちに『そうでもないかな』と思いはじめました。アンケートに書かれた悩みを話し合って、相談者や相手の生徒の調査に行って、問題がありそうなときは話し合いを持ちました。そこでは、こうしたらいいとか、やめた方がいいとか、みんなで意見を出し合いました。こうして意見を出し合うことで、いじめが解決していったと思います」と語りました。

中学1年の女子生徒は、人を思いやる気持ちについて語りました。

「たくさんのことを解決していくと同時に、『思いやりの心』がついたと思いました。どんな些細なことでも、深く追及して解決していく。私もいろいろなことがあったけど、救われたことが沢山あった。裁判員として、いっしょに悩んだりしました。今、私の頭の中では、私たちが解決していったことがいじめをなくしていったのかもしれないと思っています」

中学1年の男子生徒は、はじめ学級裁判に懐疑的でした。

「ぼくは、はっきりいうと生徒同士で話し合うことにあまり賛成ではなかった。それは、『自分と同じように入学した人に、問題が解決できるのか』という不安があったからです。それに、人に話してしまわないかとも思いました。しかし、日がたつにつれ不安もなくなり、事件も無事に解決しました。自分のどこがいけなかったか整理したり、反省できました。クラスの団結力も高まると思います」

中学2年の女子生徒は、クラスのいじめを注意しようと思っても、「仕返しされないか」とか「つぎは自分がいじめの標的になるかもしれない」などと見て見ぬふりをしていました。生徒はそんな自分を変えたいと学級裁判員に立候補しました。


「裁判員になって、いじめなどの問題をどう解決していくか分かりました。とくによかったのは、友だちの悩みを真剣に考えるクラス員の姿です。話し合いをして協力できたし、仲間関係も深まりました。みんな、心がきれいになったと思う。私も困っている人に対する意識が変わってよかったです」

中学3年の女子生徒は、学級づくりについて語りました。


「生徒で問題を解決していくことは、よりよいクラスを築いていくためにも、とてもいいことだと思う。友だちのことを理解することができ、それによって信頼関係がより深まる。先生にいえない悩みを抱えている生徒は数多くいる。相談相手が生徒というのは、よい解決方法につながると思う」

中学3年生の男子生徒は、生徒と生徒が本音と本音で語り合うことの大切さを語りました。

「この名前を聞いて、最初は少しビックリしました。でも、何だかんだいってもとてもいい仕組みだったのではないかと思います。最初は、はたして本当に自分たちの本音と本音で話し合って納得のいく解決ができるのだろうかと少し不安があったけど、いざ話し合いが始まると自分たちのいいたいことをあますことなく相手に伝えることができた。先生の仲介が入ってしまっては絶対にできないことだと思うし、本音と本音で語らないと本当の解決にはならないので『自分たちでやる』ということが結果として、最善かつ最短の方法であることが分かった。また、最後に握手をして終わるところもいいと思った。なぜ、日本ではあまり広まっていかないのか不思議になった」

学校で起きた問題は、すべて教育的な問題です。

いじめや不登校問題も含めてどの問題も学級の集団づくり、友だちとの人間関係づくり、先輩や後輩との上下関係づくり、さらには教師による授業や部活動や行事活動での指導方法、校則や日常生活での指導方法などと深くかかわっているのです。

ゆえに問題解決に子どもたちを直接に参加させ、自身たちでその解決に向けて考えさせることとなくして、民主的な学級集団づくりも子どもの健全な成長や発達も考えられません。

学級裁判の幕引きと「栄転」

しかし、学級裁判への管理職の評価は違いました。

「生徒が先生を訴えるとは何事か、そんなことが許されると思っているのか、だれがそんなことをやっているのか」

話は管理職から教育委員会へと伝わりました。

そして新学期も残り数日と迫ったある日、突然、校長に呼び出され問答無用で小学校への人事異動を命じられ、中学校の実践は幕を閉じることになりました。

じつは以前から学級活動について、疑問に思っていることがありました。小学校学習指導要領の学級活動の目標と内容は、つぎのようになっています。

1　目標

学級活動を通して、望ましい人間関係を形成し、集団の一員として学級や学校におけるよりよい生活づくりに参画し、諸問題を解決しようとする自主的、実践的な態度や健全な生活態度を育てる。

２　内容

〔第１学年及び第２学年〕

学級を単位として、仲良く助け合い学級生活を楽しくするとともに、日常の生活や学習に進んで取り組もうとする態度の育成に資する活動を行うこと。

〔第３学年及び第４学年〕

学級を単位として、協力し合って楽しい学級生活をつくるとともに、日常の生活や学習に意欲的に取り組もうとする態度の育成に資する活動を行うこと。

〔第５学年及び第６学年〕

学級を単位として、信頼し支え合って楽しく豊かな学級や学校の生活をつくるとともに、日常の生活や学習に自主的に取り組もうとする態度の向上に資する活動を行うこと。

〔共通事項〕

（１）　学級や学校の生活づくり

ア　学級や学校における生活上の諸問題の解決

イ　学級内の組織づくりや仕事の分担処理

ウ　学校における多様な集団の生活の向上

ここには中学校と同様に、「学級や学校における生活上の諸問題の解決」と「学級内の組織づくりや仕事の分担処理」が明記されています。

小学校の先生たちはこの目標と内容をどう理解し、どのようにいじめや不登校を解決しているのか、とても興味関心がありました。さらに小学生はどのような悩みを抱えているのか、先生の対応をどのように感じているのか、不満はないのかなど疑問は尽きません。

学級裁判についても、小学生でもできるのか、できるならば何学年から可能なのか、そのとき教員はどのような活動（指導や援助、協働など）が必要となるのかなど課題は山積しています。

中学校の実践を終えることに心残りはありましたが、退職まで10年余です。校長は教育委員会に報告したことの後ろめたさもあってか、「きみには小学校へ異動してもらう。今回の人事は決定事項で変更はできない」と語気を強め辞令を伝えました。私はうなだれた姿で落胆をアピールし、内心は嬉々として「栄転」を快諾しました。

おわりに ―未来の教師へ―

―タカシくんが学校に来れるような環境をつくったり、助けになるようなことをするから学校に来てね―

タカシくんと同じクラスの女子生徒のメッセージカードです。生徒は、現在の学校環境がタカシくんにとって登校しづらいことをうすうす感じとっています。おそらく担任が指示したタカシくんの歓迎にも、心を痛めていたでしょう。

いま、学校は大変です。問題が起きるたびに、先生たちは「意識が低い、感性が鈍い」「学校はいったい何をやっているのか」などと社会からバッシングされます。そんな理由もあってか、どの自治体でも教師のなり手が不足しています。教育に魅力を感じなくなっています。

しかし、教職は〝不思議でクールな子ども世界〟に入ることが許された職業です。指導要領は戦後すぐに、「学習指導要領試案」として作られました。そこには、「工夫があってこそ、生きた教師の働きが求められるのであって、型のとおりにやるのなら教師は機械にすぎない」とか「たとえ教材が適切であっても指導の方法がよろしくなければ、とうていその効果をあげることはできない」などと創意工夫の重要性が説かれています。

学校の働き方改革は、教育活動の創意工夫により、未来の先生たちに向かって教育の魅力を発信することから始まります。

誤解のないように申し上げておきますが、本書で紹介した学級裁判の仕組みは、あくまでもひとつの参考例に過ぎません。学校はそれぞれの実情をふまえ、その学校独自の仕組みを創造すべきです。

私はこれまで中学生たちと何百回と話し合いを持ち、数多くの学級裁判に立ち会ってきましたが、解決率（くれぐれも「解消率」ではありません）はほぼ１００％でした。理由は明瞭です。中学生たちは、ただの一度も友だちを見捨てなかったからです。けっして、あきらめて投げ出しませんでした。

拙著が、いじめや不登校問題で悩む先生や保護者のお役にたてば、望外の仕合せです。末筆ながら、幻冬舎ルネッサンスの梅﨑柚香さんには大変にお世話になりました。最後までおつき合いくださり、誠にありがとうございました。

資料「中学校学習指導要領・特別活動編－学級活動」―全文

1　目標　学級や学校での生活をよりよくするための課題を見いだし、解決するために話し合い、合意形成し、役割を分担して協力して実践したり、学級での話合いを生かして自己の課題の解決及び将来の生き方を描くために意思決定して、実践したりすることに自主的、実践的に取り組むことを通して、第1の目標に掲げる資質・能力を育成することを目指す。

2　内容　1の資質・能力を育成するため、全ての学年において、次の各活動を通して、それぞれの活動の意義及び活動を行う上で必要となることについて理解し、主体的に考えて実践できるよう指導する。

(1) 学級や学校における生活づくりへの参画

ア　学級や学校における生活上の諸問題の解決
学級や学校における生活をよりよくするための課題を見いだし、解決するために話し合い、合意形成を図り、実践すること。

イ　学級内の組織づくりや役割の自覚

学級生活の充実や向上のため、生徒が主体的に組織をつくり、役割を自覚しながら仕事を分担して、協力し合い実践すること。

ウ　学校における多様な集団の生活の向上

生徒会など学級の枠を超えた多様な集団における活動や学校行事を通して学校生活の向上を図るため、学級としての提案や取組を話し合って決めること。

（2）日常の生活や学習への適応と自己の成長及び健康安全

ア　自他の個性の理解と尊重、よりよい人間関係の形成　自他の個性を理解して尊重し、互いのよさや可能性を発揮しながらよりよい集団生活をつくること。

イ　男女相互の理解と協力　男女相互について理解するとともに、共に協力し尊重し合い、充実した生活づくりに参画すること。

ウ　思春期の不安や悩みの解決、性的な発達への対応　心や体に関する正しい理解を基に、適切な行動をとり、悩みや不安に向き合い乗り越えようとすること。

エ　心身ともに健康で安全な生活態度や習慣の形成　節度ある生活を送るなど現在及び生涯にわたって心身の健康を保持増進することや、事件や事故、災害等から身を守り安全に行動すること。

オ　食育の観点を踏まえた学校給食と望ましい食習慣の形成　給食の時間を中心としながら、成長や健康管理を意識するなど、望ましい食習慣の形成を図るとともに、食事を通して人間関係をよりよくすること。

（3）一人一人のキャリア形成と自己実現

ア　社会生活、職業生活との接続を踏まえた主体的な学習態度の形成と学校図書館等の活用　現在及び将来の学習と自己実現とのつながりを考えたり、自主的に学習する場としての学校図書館等を活用したりしながら、学ぶことと働くことの意義を意識して学習の見通しを立て、振り返ること。

イ　社会参画意識の醸成や勤労観・職業観の形成　社会の一員としての自覚や責任をもち、社会生活を営む上で必要なマナーやルール、働くことや社会に貢献することについて考えて行動すること。

ウ　主体的な進路の選択と将来設計　目標をもって、生き方や進路に関する適切な情報を収集・整理し、自己の個性や興味・関心と照らして考えること。

3　内容の取扱い　（1）2の（1）の指導に当たっては、集団としての意見をまとめる話合い活動など小学校からの積み重ねや経験を生かし、それらを発展させることができるよう工夫すること。（2）2の（3）の指導に当たっては、学校、家庭及び地域における学習や生活の見通しを立て、学んだことを振り返りながら、新たな学習や生活への意欲につなげたり、将来の生き方を考えたりする活動を行うこと。その際、生徒が活動を記録し蓄積する教材等を活用すること。

〈著者紹介〉
ガンジー・平墳（ガンジー・ひらつか）
ペンネーム「ガンジー・平墳（頑張るジジイまたは頑固なジジイの意）」。本名、平墳　雅弘（ひらつか　まさひろ）。1956年、岐阜県大垣市生まれ。小学校に13年間、中学校に24年間勤務。現在は、地域の田植え教室や子ども食堂の応援、いじめ・不登校の相談を行う。2003年、第35回中日教育賞。2010年、国際コルチャック会議で「子ども裁判」の実践を発表。著書に、『日本初「子ども裁判」の実践』（国土社）、『生徒が生徒を指導するシステム』（学陽書房）、『子どもが解決！クラスのもめごと』（太郎次郎社エディタス）、『保護者はなぜ「いじめ」から遠ざけられるのか』（太郎次郎社エディタス）などがある。

GOODBYEいじめ対策《たいさく》
学校《がっこう》のいじめ対策《たいさく》が
違法《いほう》であることを国民《こくみん》は知《し》らない

2024年3月22日　第1刷発行

著　者　　ガンジー・平墳
発行人　　久保田貴幸

発行元　　株式会社 幻冬舎メディアコンサルティング
〒151-0051　東京都渋谷区千駄ヶ谷4-9-7
電話　03-5411-6440（編集）

発売元　　株式会社 幻冬舎
〒151-0051　東京都渋谷区千駄ヶ谷4-9-7
電話　03-5411-6222（営業）

印刷・製本　中央精版印刷株式会社
装　丁　　弓田和則

検印廃止

Printed in Japan
ISBN 978-4-344-69075-2 C0037
幻冬舎メディアコンサルティングＨＰ
https://www.gentosha-mc.com/